열공! 72 문장 패턴

베트남어
회화

72

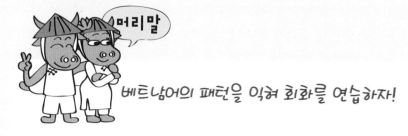

베트남어의 패턴을 익혀 회화를 연습하자!

베트남은 동남아시아에 속해 있으며, 남북으로 길게 뻗어 있는 나라로, 현재 정치와 경제, 문화 특히 한류열풍으로 인해 한국과 많은 교류가 이루어지고 있기도 합니다.

이에 한국에 살면서 겪은 경험을 토대로 **패턴 베트남어 회화**를 쓰면서, 한국인에게 맞는 베트남어 교재를 쓰려고 많은 노력을 하였습니다.

노력하면 안되는 일이 없다!

Có công mài sắt, có ngày nên kim.

꼬   꽁   마이   삿,   꼬   응애이   넨   낌

이 책은 가장 기본적인 **상황별 회화를 바탕**으로 문장을 선택함에 있어서 **현지인들이 가장 많이 사용하는 표현**들을 뽑아 **패턴 연습**을 할 수 있도록 했습니다.

문법과 이론보다는 **다양한 예문**을 통해서 쉽게 이해할 수 있도록 했으며, 같은 상황에서도 여러 가지 표현을 사용해야 하는 점을 감안해 **최대한 많은 회화 표현**들을 소개해 놓았습니다.

그 밖에도 기존의 교재에서는 찾아 보기 어려운 **베트남 생활에서 알아둬야 하는 기본적인 테마 단어**들을 내용에 담았습니다.

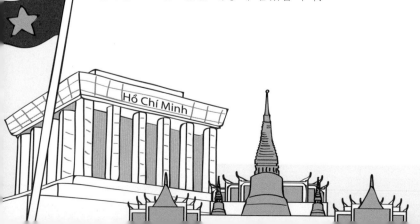

이 책의 구성과 활용

베트남어란?

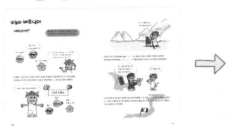

카툰을 통해 쉽고 재미있게 베트남어에
대해 배운다.

베트남어의 발음과 성조

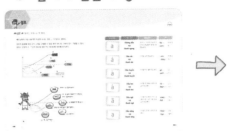

모음과 자음을 통해 **베트남어 발음**의
기초와 성조를 다진다.

Bài 01~08 01과~08과

중요표현을 **패턴 문장**을 통해 단어를 바꿔
가며 연습하면서 회화연습을 한다.

Bài 09~16 09과~16과

패턴회화에 꼭 필요한 알짜문법을 간단히
알아본다.

대화문

패턴 회화에서 배운 표현을 사용하여
실제 **베트남어 회화**와 **새단어**를 익힌다.

테마단어

테마단어에서 어휘력을 높이기 위해
재미있는 일러스트와 함께 배워본다.

차례

▶ Part 0   오늘날의 베트남어

▶ Part 1　　　　　**Bài 01~08** 01과~08과

오늘날의 베트남어

PART

0

 베트남어란?

☆ 베트남어의 특징

베트남어는 고립어로, 다음과 같은 특징을 나타낸다.

① 단어의 변형變形현상이 전혀 없다.

> Nó gọi điện thoại cho tôi.   그는 나에게 전화했다.
> 그는   나에게
>
> Tôi gọi điện thoại cho nó.   나는 그에게 전화했다.
> 나는   그에게

② 문법적 의미를 표시하기 위해 어순語順과 허사虛辭가 사용된다.

> Tôi gặp nó.   나는 그를 만났다.
> 나는   그를
>
> Nó gặp tôi.   그는 나를 만났다.
> 그는   나를

오스트로아시아어족 Austro-Asia 語族, 몬-크메르어파 Môn-Khmer 語派,
비엣-므엉어군 Việt-Mường 語群에 속한다.

☆ 베트남어의 발달사

1,000년 동안 중국의 점령 시기였어!

몬-크메르 시기
Môn-Khmer
기원전 6·7천년 전부터

●●●➤

프로토 비엣-므엉 시기
Proto Việt-Mường
기원전 2·3천년 ~ 기원후 1·2세기

●●●➤ 프레 비엣
Pré Việt-Mường
기원후 2세기 ~ 10·11세기

●●●➤ 공통의 비엣-므엉 시기
Việt-Mường commun
11세기 ~ 13·14세기

●●●➤ 베트남어 시기
Pré Việt
14세기 ~ 16세기

●●●➤ 중세 베트남어 시기
16·17세기 ~ 19세기

베트남 말과 **Mường** 므엉 말이 분리되었다.
이 시기에는 한자가 어느 때보다도 가장 많이
유입했기 때문에 한자어가 많이 형성되었다.

프랑스어, 포르투갈어, 네덜란드어 등 서유럽
언어와 접촉하며, 서양인들(주로 선교사)은 로마
자를 사용해서 베트남어를 기록하기 시작했다.

Alexandre de Rhodes
알렉산드르 드 로드

●●●➤ 현대 베트남어 시기
19세기 ~ 현재

이 시기에는 프랑스와 미국이 베트남을 침략했기 때문에 외래어가 많이 유입되었다.
1975년 4월 30일에 남북이 통일된 이후 하노이 **Hà Nội** 하 노이 방언이 표준어로 지정되었다.

오늘날의 베트남어

★ 베트남어란?

베트남은 많은 민족으로 이루어진 나라로 각 민족마다 고유의 언어를 가지고 있다.

과거에는 고유한 문자가 없이 중국의 한자를 오랫동안 사용하였으며, 10~12세기경에는 고유어를 표기하기 위해 한자에 기초를 둔 **Chữ Nôm** 쯔 놈 문자를 만들어 사용했다.

오늘날의 문자 chữ quốc ngữ 쯔 꾸옥 응으 는 1651년 프랑스 태생의 카톨릭 신부였던 Alexandre de Rhodes 알렉산드르 드 로드 가 베트남어를 로마자로 표기하면서 완성하였다.

하지만 베트남 학자들의 한문에 대한 숭배 때문에 그 후 오랜 기간 보급되지 않다가 20세기 중엽부터, 프랑스가 베트남의 식민 통치를 시작하면서 베트남의 과거 시험을 폐지한 이후 광범위하게 사용되기 시작하였다.

★표준어와 방언

베르 남에도
방언이 있다며?

당연하지~
근데 베트남의 수도는 알아?

하노이 아냐?

응~ 맞아~

그럼 하노이 방언이 표준어야?

하노이 방언 = 표준어

응, 베트남어의 표준음은 오늘날 베트남 정치의 중심지인
Hà Nội 하 노이 방언을 언어의 기초로 해.

처음 베트남어를 학습하는 사람들은 표준어
인 북부발음을 기본으로 학습하는 것이 좋다.

이 책은 북부발음 북 을 기본으로 하였으며,
중요한 남부발음 남 은 함께 표기하였다.

베트남에도 많은 방언이 있지만, 지역을 중심으로 크게 3개로 나눌 수 있다. 수도 Hà Nội 하 노이를 중심으로 한 북부방언, 중부의 Đà Nẵng 다 낭을 중심으로 한 중부방언, 남부의 호찌민시 Thành phố Hồ Chí Minh 타잉(탄) 포 호찌 밍을 중심으로 한 남부방언이다.

Hà Nội 하 노이
하노이

Đà Nẵng
다 낭
다 낭

Thành phố Hồ Chí Minh
타잉(탄) 포 호 찌 밍
호찌민시

이들 발음 중, 남부 발음중부발음과 북부발음은 어휘나 성조 등에 차이가 좀있어~. 하지만, TV·신문·라디오 등의 영향으로 베트남의 어느 지역의 언어를 사용하여도 서로 뜻이 통해!!

그렇구나..

베트남어의 특성

★ 단어

중국어와 같이 단음절 단어가 기본을 이루며,
고유어와 외래어로 되어 있다.

생일축하해~
Mừng ngày sing nhật của em
믕 응애이 싱 녓 꾸아 앰

오~ 지성씨~
cảm ơn!! 깜 언
고마워요~

cảm ơn!!
고마워요!!

깜 언? 무슨 얘기지??

히~ 베트남어로 '고맙다' 는 뜻이야~
베트남어의 단어는 하나의 음이 한
단어를 이루고 있지.

일반적인 형태는

1. 모음어
- ừ 으 대답할 때 동의 하는 뜻
- à 아 어떤 문제를 이해할 때

2. 한음절
- 자음 + 모음   bố 보 아버지   mẹ 매 어머니
- 모음 + 자음   ăn 안 먹다   ông 옹 할아버지
- 자음 + 모음 + 자음   lớn 런 크다   hôn 혼 키스

3. 두음절
- chúng tôi 쭝 또이   우리
- cảm ơn 깜 언   감사하다

이런 경우 한 음절씩 띄어 쓰면 된다.

아~ 그럼 cảm ơn! 이라는
말도 두음절로 구성된 단어구나!

모음어   à 아하~

한음절   mẹ 어머니
자음+모음

두음절   cảm ơn 감사하다

외래어는 60%이상을 차지하는 중국 한자를
비롯하여 서양과 접촉하면서 프랑스어, 영어에
기원을 두고 있는 단어들이 많다.

그리고 역사가 오래된 한자어
중에는 마치 고유어처럼 쓰이
게 된 단어들도 많아~

15 ★

★문법

어순이 매우 중요하다.

자~ 줄을 서볼까요?
새치기는 절대 안됩니다!!

줄 서자~!!

네 자리로 가!!

넌 꼴찌!!

영어와 비슷하게 주어+서술어
+목적어의 어순이에요.
우리말의 주어+목적어+서술어
의 어순과 비교되죠?
아까 줄을 잘 서라고 한 이유도
여기에 있어요~

문법관계를 어순이 나타내 주기 때문에
어순이 매우 중요하다.

베트남어는 높임말을 표현하는 법이 발달되어 있지 않아서, 별도의 단어를 문장의 맨 앞이나 뒤에 써서 표현한다.

xin .... ạ

★성조

베트남어는 성조어이다.

지성씨~
베트남어 배워보니깐
어때?

아~ 머리야..
베트남어는 발음이너무
어려운 것 같아~

말에 성쬬가 있어서 그래~
모두 6개의 성쬬를 갖고 있지.
그래서 같은 발음이더라도 성쬬
가 다르면 단어의 뜻이 달라지지.

그리고 그 성쬬는 알파벹
모음에 성쬬 ` , ´ , ? , ~ , · 등으로
표시하고 있어.

à á å ã ạ

음.. 꼭 베트남어를
마스러할테닷!
아자! 아자!

★18

★ **한자어** | 우리나라의 한자어와 그 발음이 유사하다. |

지성씨~ 베트남어 공부 잘 하고 있어?

60% 이상 한자어

오늘날 베트남어는 약 60% 이상이 한자어이다. 이들 한자어는 그 발음이 중국 당나라시대 장안長安의 방언을 갖고 있다.

아하! 그럼 우리말의 한자어와 그 발음이 유사하겠네~

맞아~ 그러니까 베트남 단어를 익힐 때, 우리말의 한자음과 비교하면서 배우면 더 쉬워~

漢字

그렇긴 않아. 20세기 초부터 한자를 폐지하고 오직 국어자만 쓰거든.

그럼 베트남 사람들은 한자를 잘 알겠다~

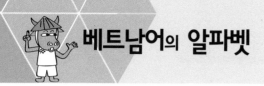

베트남어의 알파벳

★ 베트남어는 아래와 같이 기본 29개의 알파벳으로 되어 있다.

알파벳	명칭	음가	알파벳	명칭	음가
A a	아 [a]	ㅏ	Ê ê	에 [ê]	ㅔ
Ă ă	아 [á]	ㅏ*	G g	게 [gê]	ㄱ*
Â â	어 [ớ]	ㅓ*	H h	핫 [hát]	ㅎ
B b	베 [bê]	ㅂ	I i	이 [i]	ㅣ
C c	쎄 [xê]	ㄲ	K k	까 [ca]	ㄲ
D d	제 [dê]	ㅈ*	L l	앨 러 [el lờ]	ㄹ*
Đ đ	데 [đê]	ㄷ	M m	앰 머 [em mờ]	ㅁ
E e	애 [e]	ㅐ	N n	엔 너 [en nờ]	ㄴ

＊ 기호 : 한국어의 발음과 다소 다르기 때문에 뒤에 있는 설명을 더 자세히 보기 바란다.

알파벳	명칭	음가	알파벳	명칭	음가
O o	오 [o]	ㅗ*	T t	떼 [tê]	ㄸ
Ô ô	오 [ô]	ㅗ	U u	우 [u]	ㅜ
Ơ ơ	어 [ơ]	ㅓ	Ư ư	으 [ɯ]	ㅡ
P p	뻬 [pê]	ㅃ*	V v	베 [vê]	ㅂ*
Q q	뀌 [qui]	ㄲ*	X x	익 시 [ích xì]	ㅆ
R r	애 러 [e rờ]	(북)ㅈ (남)ㄹ*	Y y	이 [y]	ㅣ
S s	앳 시 [ét sì]	ㅅ			

- D(d)와 Đ(đ)는 다르다.
- 베트남어 알파벳에는 f, j, w, z 같은 자음은 없다.
- 모음 위에 부호가 붙은 글자는 ă, â, ê, ô, ơ, ư 등 6개가 있는데, 이런 부호는 성조가 아님에 주의해야 한다.
- 고유명사 인명·지명 등나 문장 맨 앞에 나오는 글자는 반드시 대문자로 써야 한다.

문자와 발음

★ **모음** ★ 베트남어는 단모음이 11개가 있다.

특징 ①

단모음   a · ă · â · e · ê · i · o · ô · ơ · u · ư

---

a
아

우리말의 [ㅏ]음과 비슷하다.

alô 여보세요 통화할 때
알로

cảnh 경치
까잉

ă
아

[a]와 비슷하지만 좀 더 짧게 발음한다.

ăn 먹다
안

cắn 물다
깐

â
어

[ơ]와 비슷하지만 좀 더 짧게 발음한다.

ân sư 은사 (恩師)
언스

nhân 곱하기
년

---

e
애

우리말의 [ㅐ]음과 비슷하다.

em 동생
앰

xé 찢다
쌔

ê
에

우리말의 [ㅔ]음과 비슷하다.

ê   야!, 어이!
에

tết   설, 명절
뗏

i
이

우리말의 [ㅣ]음과 비슷하다.

im   조용하다
임

hình   사진
힝

o
오

[ô]와 비슷한데 입을 좀 크게 벌리고 [ô]보다 혀를 낮게 내려 발음한다.

ong   벌 곤충
옹

to   크다
또

ô
오

우리말의 [ㅗ]음과 비슷하다.

ông   할아버지
옹

sông   강
송

ơ
어

우리ㅇ말의 [ㅓ]음과 비슷하다

ơn   은혜
언

mời   초청하다
머이

모음

u
우

우리말의 [ㅜ]음과 비슷하다

ung thư 암
웅 트

ngu 바보같은, 어리석은
응우

ư
으

우리말의 [ㅡ]음과 비슷하다

ưng ý 마음에 들다
응 이

sưng 붓다, 부어오르다
승

★주의

모음 /i/ 는 다음과 같은 경우에 y로 쓰인다.

① 초성과 종성이 없는 경우

y tá 간호사
이 따

ý kiến 의견
이 끼엔

② u 뒤에 오는 경우

uy hiếp 위협하다
위 히엡

quý 귀하다
뀌

③ h·k·l·m·t 같은 자음 뒤에 오는 경우 (대부분 한자어) 요즘은 y → i 로 쓰인다.

hi sinh 희생
히 싱

kĩ sư 기사
끼 스

lí luận 이론
리 루언

mĩ thuật 미술
미 투엇

tỉ trọng 비중
띠 쫑

특징 ②

이중모음 /ie/ · /uo/ · /ươ/

베트남어는 /ie/uo/ươ/ 3개의 이중모음이 있다. 그 뒤에 종성이 있는지 없는지에 따라, 2가지 표기법으로 표시한다.

1. 그 뒤에 종성이 없는 경우 ia · ua · ưa로 바뀐다.

bia 맥주
비아

dừa 코코넛
즈아

mùa 계절
무아

2. 그 뒤에 종성이 있는 경우 iê · ươ · uô 로 바뀐다.

tiền 돈
띠엔

sương 안개
스엉

cuốn ~권
꾸온

★주의

이중모음 /ie/ 는 2가지 형식으로 바뀐다.

① 앞에 u가 있고, 뒤에 종성이 없는 경우 ya로 바뀐다.

khuya 밤늦은
퀴아

② 앞에 u가 있고, 뒤에 종성이 있는 경우 yê로 바뀐다.

khuyên 충고하다
퀴엔

 **모음**

특징 ③

글라이드 glide(운음)　　-w-　➡　/-u-/ · /-o-/

베트남어는 /-w-/를 뒤에 오는 모음에 따라 u 나 o 로 적는다.

hoa 꽃
화

thủy tinh 수정 水晶
튀 띵

그러나 q- 뒤에 오면 항상 u 로 적는다.

qua 지나다
꽈

quê 고향
꿰

베트남 학생들

 자음

★**자음**★ 베트남어는 자음이 17개가 있으며, 겹자음이 11개가 있다.

특징 ① 초음

순음　　b- · m- · ph- · v-

---

b-

우리말 [ㅂ]와 비슷하다.

ba　아버지
바

bia　맥주
비아

---

m-

우리말 [ㅁ]와 비슷하다.

mua　사다
무아

mẹ　어머니
매

---

ph-

윗니와 아랫입술로 발음한다. 영어의 [f]와 비슷하다.

phía　쪽, 방향
피아

phạt　벌을 주다
팟

---

v-

윗니와 아랫입술로 발음한다. 영어의 [v]와 비슷하다.

Việt Nam　베트남
비엣 남

về　돌아가다
베

 **자음**

특징 ② 초음

치음   t- · th-

---

t-

우리말 [ㄸ]와 비슷하다.

tiền 돈
띠엔

tắm 목욕하다
땀

---

th-

우리말 [ㅌ]와 비슷하다.

thua 지다
투아

thời gian 시간
터이 잔

베트남 화폐

특징 ③ 초음

치조음　d-·đ-·l-·n-·x-

d-

우리말 [ㅈ]와 비슷하다. 베트남 북부에서는 [z]로, 남부에서는 [j]로 발음한다.

da 피부
북자 남야

dùng (물건을) 쓰다
북중 남융

đ-

우리말 [ㄷ]와 비슷하다.

đi 가다
디

đứng 서다
등

l-

영어의 [l]과 비슷하다.

lít 리터 liter
릿

lo lắng 걱정하다
로 랑

n-

우리말 [ㄴ]와 비슷하다.

nặng 무겁다
낭

nói 말하다
노이

자음

X-

우리말 [ㅆ]와 비슷하다. 베트남 북부에서는 [x]과 [s]를 구분하지 않고 발음한다.

xa 멀다
싸

xe 차 車
쎄

치조-경구개음 r- · s- · tr

r-

베트남 북부에서는 우리말 [ㅈ]와 비슷하게 발음하며, 남부에서는 영어의 [r]
과 비슷하게 발음한다.

rắn 뱀
🔵북 잔 🔵남 란

rùa 거북이
🔵북 주아 🔵남 루아

s-

우리말 [ㅅ]와 비슷하다.

sống 살다
송

sáng 밝다
상

tr-

베트남 북부에서는 우리말 [ㅉ]와 비슷하게 발음하며, 남부에서는 영어의 [tr]
와 비슷하게 발음한다. 특히 북부에서 [tr]는 [ch]와 발음이 거의 같다.

trong 안
🔵북 쫑
🔵남 트롱

Nha Trang Nha Trang시 지명
냐 🔵북 짱
   🔵남 트랑

특징 ⑤ 초음

경구개음   ch- · nh-

ch- 베트남 북부에서는 우리말 [ㅉ]와 비슷하게 발음하는데, 남부에서는 우리말 [ㅈ]와 비슷하게 발음한다. 특히 북부에서 [ch]는 [tr]과 발음이 거의 같다.

chờ 기다리다
🔵북쩌 🔴남저

chị 누나, 언니
🔵북찌 🔴남지

nh- 우리말 [냐, 녀, 뇨, 뉴]같은 음과 비슷하게 발음한다.

nhanh 빠르다
냐잉

nhờ 부탁하다
녀

자음

연구개음 c-(k-, q-) · g-(gh-) · kh- · ng-(ngh-)

---

c-
(k-,q-)

c(k, q)는 우리말 [ㄲ]와 비슷하다.

có 있다	kiếm 찾다	quê hương 고향
꼬	끼엠	꿰 흐엉

---

g-
(gh-)

우리말 ㄱ보다 좀 더 부드럽게 발음한다. i, ê, e 앞에서는 [gh]로 쓰인다.

ga 역	ghi 적다
가	기

---

kh-

우리말 [ㅋ]와 비슷하다.

khó 어렵다	khác 다르다
코	칵

---

ng-
(ngh-)

중세국어에 있었는데 현대국어에서 사라졌다. [o]받침이 어두에서 발음하는 것과 같다. '응'과 비슷하게 발음한다고 생각하면 된다. i, ê, e 앞에서는 ngh-으로 쓰인다.

ngủ 자다	nghe 듣다
응우	응애

특징 ⑦ 초음

후음   h-

h- 우리말 [ㅎ]와 비슷하다.

học 배우다
혹

hát 노래하다
핫

수업중인 학생들

 **자음**

★ **종성** ★ 베트남어는 비음, 폐쇄음, 반모음의 종성이 있다.

> 비음   -m · -n · -nh · -ng

-m

우리말 [ㅁ]와 비슷하다.

Việt Nam   베트남   làm   하다
비엣 남   람

-n

우리말 [ㄴ]와 비슷하다.

Hàn Quốc   한국   ăn   먹다
한 꾸옥   안

-nh

우리말 [ㅇ]과 비슷하다.

anh   형/오빠   tính   계산하다
아잉   띠잉

-ng

우리말 [ㅇ]과 비슷한데 혀뿌리가 연구개에 닿는다.

ung thư   암   công ty   회사
웅 트   꽁 띠

특징 ⑨ 종성

폐쇄음 -p · -t · -ch · -c

-p

우리말 [ㅍ]와 비슷하다.

Pháp 프랑스
팝

thép 강철
텝

-t

우리말 [ㄷ]와 비슷하다.

khát 목이 마르다
캍

mệt 피곤하다
멛

-ch

우리말 받침 [ㄱ]과 비슷하다.

thích 좋아하다
틱

sạch 깨끗하다
사익

-c

우리말 받침 [ㄱ]과 비슷하다.

học 배우다
혹

được ~이 되다/할 수 있다
드억

 반모음

★반모음★

특징 ①

음절말 반모음   -u/o · -i/y

-u/o

앞에 오는 모음과 입을 벌리는 정도에 따라 다르게 쓰인다.

hươu 사슴
흐어우

não 뇌
나오

-i/y

앞에 나오는 모음에 따라 다르게 쓰인다. [i]는 장모음 뒤에 쓰이고 [y]
는 단모음 뒤에 쓰인다.

xôi 찹쌀밥
쏘이

xây 집을 짓다
쌔이

베트남어의 음절 구조

★ 음절 구조 – 3성분 · 4성분 · 5성분 ★

음절 구조는 최다 5성분이고 최소 3성분이다.

성조 thanh điệu

시작발음 혹은 성모	운 phần vần 혹은 운모		
초성 âm đầu	글라이드 âm đệm	주모음 âm chính	종성 âm cuối

• 3성분인 경우

cá 생선 🐟 đi 가다
까   디

• 4성분인 경우

nón 모자 con ~마리
논   꼰

• 5성분인 경우

đoán 추측하다 cuốn ~권
도안   꾸온

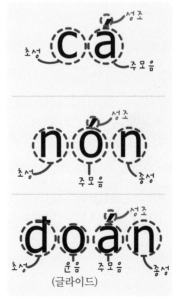

* đi, con의 경우 평성으로 소리를 내지만 별도로 표시하지 않는다.

성조

★**성조** ★ 성조는 모두 6개가 있다.

베트남어의 가장 대표적인 특징의 하나는 성조聲調가 있다는 점이다.

성조의 종류에 따라 음의 고저를 구별할 수 있을 뿐만 아니라, 단어의 뜻도 구별할 수 있다.
성조는 음절의 주主모음의 위(5개) 성조 또는 아래(1개) 성조에 표시한다.

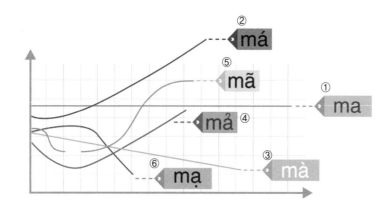

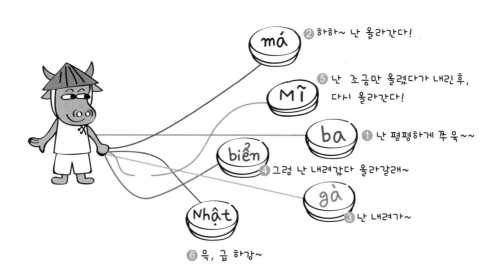

표시방법	성조이름	발음방법	예
a	Không dấu 혹은 thanh ngang	평성으로 소리가 처음부터 끝까지 변함없이 평평하게 발음한다.	• ba 바 아버지 • cơm 껌 밥
á	Dấu sắc 혹은 thanh sắc	소리를 올려 발음한다.	• má 마 어머니 • đứng 등 서다
à	Dấu huyền 혹은 thanh huyền	소리를 약간 내려 발음한다.	• gà 가 닭 • cười 끄어이 웃다
ả	Dấu hỏi 혹은 thanh hỏi	소리를 중간에서 내리다가 올려 발음한다.	• để 데 놓다 • biển 비엔 바다
ã	Dấu ngã 혹은 thanh ngã	소리를 중간에서 약간 올리다가 좀 내린 후에, 많이 올려 발음한다.	• cũng 꿍 역시 • Mĩ 미 미국
ạ	Dấu nặng 혹은 thanh nặng	소리를 급격히 낮춰 발음한다.	• Nhật 녓 일본 • đẹp 뎁 예쁘다

어휘

★*어휘구성* ★ 베트남어 어휘는 크게 고유어와 외래어로 나뉜다.

베트남어
어휘 = **고유어 + 외래어**

한자어 포함
↘ **70% 정도**

고유어의 비율은 외래어보다 적다. 외래어 중 한자어가 절대다수를 차지하며,
프랑스어 3,000개 정도, 영어 2,500개 정도 되고 기타 외래어는 약간 있다.

영어
2,500개 정도

기타 외래어

프랑스어
3,000개 정도

한자어

한자어 포함 **70%** *정도*

외래어

베트남어에서 외래어의 비중

베트남어의 한자어의 발음이 한국어 한자어와 비슷한 경우가 적지 않다.

베트남 한자어	발음	한국어 한자	한국어
Đông Nam Á	[동 남 아]	東南亞	동남아
Hàn Quốc	[한 꾸옥]	韓國	한국
Trung Quốc	[쭝 꾸옥]	中國	중국
chú ý	[쭈 이]	注意	주의하다
chuẩn bị	[쭈언 비]	準備	준비하다
bạc hà	[박 하]	薄荷	박하
ác mộng	[악 몽]	惡夢	악몽
quản lý	[꾸안 리]	管理	관리하다
hóa trang	[화 짱]	化粧	화장하다
ly hôn	[리 혼]	離婚	이혼하다

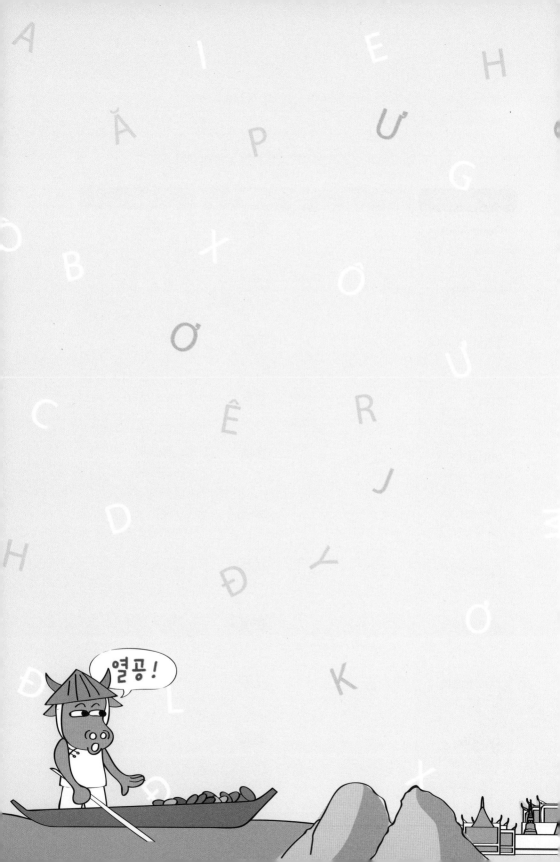

Bài 01~08

<blockquote>01과~08과</blockquote>

할아버지, 안녕하세요!

Chào ông. 짜오 옹   할아버지

Track
11

❶ 할머니	❷ 손위 남성	❸ 손위여성	❹ 동년배, 친구	❺ 손아랫사람
bà	**anh**	**chị**	**bạn**	**em**
바	아잉(안)	찌	반	앰

★ Chào짜오는 우리말 인사하다 라는 뜻이다. 상대방에 따라 2인칭 대명사를 다양하게 사용하는데, 원래는 친족 관계를 가리키는 말이다. 옆의 표에 자세히 나와 있으므로 상대에 따라 알맞게 표현하면 된다.

Chào ➕ 2인칭 대명사   안녕하세요!
짜오

📢 **Chào thầy!** ⋯⋙ (남자)선생님에게   안녕하세요!
짜오 테이

Chào cô! ⋯⋙ (여자)선생님에게   안녕하세요!
짜오 꼬

Chào cháu! ⋯⋙ 손자, 조카에게   안녕!
짜오 짜우

(여)선생님, 안녕하세요?
Chào cô~

안녕~~
Chào em!

2인칭대명사

★2인칭 대명사는 상대방의 연령·사회적 지위 등에 따라 구별해서 부른다. 한번에 외우기 보다는 이 책을 따라 회화연습을 하다보면 저절로 외워지게 될 것이다.

단수

ông
옹
나이가 많은 남성에게
할아버지 경칭 선생님, 미스터

bà
바
나이가 많은 여성에게
할머니 경칭 선생님, 부인

anh
아잉(안)
자신보다 나이가 많거나 확실히 모르는 남성에게
형 / 오빠

chị
찌
자신보다 나이가 많거나 확실히 모르는 여성에게
누나 / 언니

bạn
반
동년배, 친구에게
너

em
앰
동생이나 자신보다 나이가 적은 사람에게
너

cháu
짜우
손자/손녀, 조카, 아이들에게
너

bác
박
나이가 든 남성/여성에게
큰 아버지 / 큰 어머니

chú
쭈
아저씨와 비슷한 사람에게
아저씨 · 작은 아버지

dì
지
이모, 아주머니에게
이모 · 아줌마

cô
꼬
고모, 아주머니, 작은 어머니에게
고모 · 아줌마 경칭 미스

복수

các ✚
깍

- **ông** 할아버지들 · 선생님들
  옹 · 여러분
- **bà** 할머니들 · 선생님들
  바 · 여러분
- **anh** 당신들
  아잉(안)
- **chị** 당신들
  찌
- **bạn** 여러분 · 너희들
  반

các ✚
깍

- **em** 너희들
  앰
- **cháu** 너희들
  짜우
- **bác** 백부들, 백모들
  박
- **chú** 숙부들
  쭈
- **dì** 이모들
  지
- **cô** 고모들
  꼬

quý vị
뀌 비
귀빈
여러분

mọi người
모이 응으어이
여러분, 모두 다

주의

■ 2인칭대명사의 복수형은 주로 **các** + 단수 2인칭대명사의 형태이다.

응용
2

안녕하세요.

Xin chào chị. 씬 짜오 찌

Track
11

❶ 할아버지
ông
옹

❷ 여러분
các bạn
깍 반

❸ 과장님
trưởng phòng
쯔엉 퐁

★ 2인칭 대명사 외에 인사할 때 **직위를 가리키는** 말도 많이 사용한다. 이런 경우에는 **xin** 씬이란 존대말을 흔히 문장 앞에 사용한다.

Xin chào ✛ 직위를 가리키는 말
씬   짜오

찌 Xin chào giám đốc.
　 씬　　짜오　북잠 독
　　　　　　　 남얌

사장님. 안녕하세요.

직위를 가리키는 말

• chủ tịch 쭈 띡	회장	• phó chủ tịch 포 쭈 띡	부회장
• giám đốc 잠(얌) 독	사장	• phó giám đốc 포 잠(얌) 독	부사장
• trưởng phòng 쯔엉 퐁	과장	• hiệu trưởng 히에우 쯔엉	교장
• thầy 테이	남자 선생님	• cô 꼬	여자 선생님

Xin lỗi 씬 로이

실례지만…

★ 보통 무엇을 좀 물어보고 싶을 때 우리말처럼 문장 앞에 Xin lỗi, 씬 로이
…**실례지만**이라는 표현을 사용한다. 영어의 Excuse me에 해당한다.

예) Xin lỗi, mấy giờ rồi ạ?　　실례지만, 지금 몇 시입니까?
씬 로이, 메이 저 조이(로이) 아

Xin lỗi, anh bao nhiêu tuổi?　　실례지만, 몇 살입니까?
씬 로이, 아잉(안) 바오 녜우 뚜오이

제 이름은 이 쭝 히엔입니다. 당신은요?

Tôi tên là Lý Trung Hiền. Còn anh?

또이 뗀 라 리 쭝 히엔   꼰 아잉(안)

❶ 리 자 헌

Lý Gia Hân

리 자 헌

❷ 응웬 쯔엉 뚜

Nguyễn Trường Tú

응웬 쯔엉 뚜

1인칭대명사

★1인칭 대명사는 상대방과의 관계에 따라 **나, 저**를 표현하는 말이 다르다.
tôi또이 는 대표적인 1인칭대명사로, 공식적인 자리나 외국인들이 많이 사용하며,
em앰 은 일상회화에서 많이 사용한다. 우리말 **저**와 비슷하다.

단수

tôi 또이		평칭 나
em 앰	자신보다 나이가 더 많은 사람앞에서	겸칭 저
cháu 짜우	조부모 또는 백부, 숙부, 고모, 이모앞에서	겸칭 저
con 꼰	부모앞에서 (남부에서 cháu 대신 사용함)	겸칭 저

복수

chúng 쭝 +

tôi 또이	평칭 우리들
em 앰	겸칭 저희들
cháu 짜우	겸칭 저희들
con 꼰	겸칭 저희들

주의

- 1인칭대명사의 복수형은 주로 **chúng** + 단수 1인칭대명사 형태이다.

- **chúng tôi**는 화자 쪽만 가리키고 **chúng ta**는 화자와 청자 양쪽을 다 포함한다. p.131 참고
  쭝 또이   쭝 따

★48

Còn anh? 꼰 아잉(안)

당신은요?

★상대방이 이미 말한 질문을 똑같이 반복하지 않고 còn + 2인칭 대명사 혹은 còn + 사실·사물의 형태로 되묻는다. 우리말로 (그리고, 그럼) ~는요?/~은 요? 이다.

Còn + 2인칭 대명사
꼰   사물·사실

예 Tôi tên là Sunny. Còn anh? 저는 선니입니다. (그리고) 당신은요?
또이 뗀 라 선니.   꼰 아잉(안)

Tôi là giám đốc. Còn cô? 저는 사장입니다. (그리고) 당신은요?
또이 라 잠(얌) 독.   꼰 꼬

응용
4

매우 반가워요.

Rất vui.
북 젓 부이
남 럿

❶ 아름답다
đẹp
뎁

❷ 적다
ít
잇

❸ 좋아하다
thích
틱

---

rất 북젓 남럿
아주, 매우

★형용사, 동사를 수식하는 부사이다. 우리말 **아주, 매우**라는 뜻과 같다. 북부와 남부의 발음에 차이가 있으나 의미상의 차이는 없으니 편하게 사용하자.

rất ✛ 형용사/동사
북 젓
남 럿

예 Rất vui được gặp em.   만나서 (매우) 반갑습니다.
북 젓 부이 드억 갑 앰
남 럿

딩
Đinh 丁

도안
Đoàn 段

레
Lê 黎

다오
Đào 陶

르우
Lưu 劉

리
Lý 李

도
Đỗ 杜

르엉
Lương 梁

럼
Lâm 林

까오
Cao 高

마
Mã 馬

즈엉
Dương 楊

가장 많은 성씨는 Nguyễn응웬과 Lê레 야 ~~

나도 그 많다는 Nguyễn응웬 씨야~

응웬
Nguyễn 阮

찌에우
Triệu 趙

응오
Ngô 吳

찡
Trịnh 鄭

부이
Bùi 裵

쩐
Trần 陳

호
Hồ 胡

부/보
Vũ/ Võ 武

팜
Phạm 范

황/휑
Hoàng/Huỳnh 黃

- 베트남에는 Nguyễn 응웬 씨가 가장 많고 그 다음 Lê 레 씨 순이다.

- 베트남 이름 순서는 **성 + 중간이름 + 이름** 이다. Nguyễn Văn Nam 응웬 반 남
  성 중간이름 이름

01 안녕하세요.

Chào em.

짜오 앰

용호 씨와 Tịnh 띵 씨가 처음 만날 때의 대화이다. 용호씨는 Tịnh 띵 씨보다 나이가 더 많다.
그래서 Tịnh 띵 씨는 높임말을 사용했다.

새로운 단어

* **em** 앰   너, 동생 2인칭(손아랫사람에게)
저 1인칭(겸칭)

* **anh** 아잉(안)   당신, 형, 오빠 2인칭(손윗남성에게)
나 1인칭

* **xin lỗi** 씬 로이   미안하다, 죄송하다, 실례하다

* **tên** 뗀   이름

* **là** 라   ~이다 영어의 be동사

* **gì** 지   무엇

* **tôi** 또이   나, 저 1인칭

* **rất** 툑 젓 냁 럿   매우, 아주

* **vui** 부이   반갑다, 즐겁다

* **được** 드억   되다

* **gặp** 갑   만나다

안녕하세요?

Chào em.

짜오 앰

안녕하십니까?

Chào anh.

짜오 아잉(안)

실례지만 이름이 뭐예요?

Xin lỗi, em tên là gì?

씬 로이, 앰 뗀 라 지

제 이름은 띵입니다. 당신은요?

Em tên là Tịnh. Còn anh?

앰 뗀 라 띵. 꼰 아잉(안)

저는 용호라고 해요. 만나서 (매우) 반가워요.

Tôi tên là Yongho. Rất vui được gặp em.

또이 뗀 라 용호. 젓 부이 드억 갑 앰

만나 뵙게 되어서 반갑습니다.

Hân hạnh được gặp anh.

헌 하잉 드억 갑 아잉(안)

실례지만 이름이~

제 이름은 띵입니다.

Em tên là Tịnh.

앰 뗀 라 띵

저는 사장입니다.
Tôi là giám đốc.
또이 라 ㅋ잠 독
ㅂ얌

1 회사원
nhân viên công ti
년 비엔 꽁 띠

2 기사
kĩ sư
끼 스

3 한국사람
người Hàn Quốc
응으어이 한 꾸옥

A + là 라 + B
A는 B이다

★ là 라 는 우리말 ~이다에 해당한다. 영어의 **be**동사와 같다.
주어 + là~ 의 형태로 표현한다.

A + là + B   A는 B이다
Tôi   giám đốc.   나는 사장입니다.

예 **Anh là người nước nào?**   당신은 어느 나라 사람입니까?
아잉(안) 라 응으어이 느억 나오

주의
■ 나이를 가리키는 숫자나 형용사 앞에는 **là**를 사용하지 않는다.

예 Em ~~là~~ hai mươi(20) tuổi.   저는 20살이에요.   * hai mươi 하이 므어이 20
앰 하이 므어이 뚜오이   * tuổi 뚜오이 ~살 / 세

예 Cô ấy ~~là~~ đẹp.   그녀는 예쁘다.   * Cô ấy 꼬 애이 그녀
꼬 애이 뎁   * đẹp 뎁 예쁘다

★54

돈 있어요?

Chị có tiền không? ∞∞> 예, 있어요. Vâng, có.

찌 꼬 띠엔 콩

벙, 꼬

Track 12

❶ 자식, 아이

con

꼰

❷ 차車

xe

쌔

❸ 시간

thời gian

터이 잔

vâng 벙

예

★ 대답할 때 사용하는 말로, 우리말 예에 해당한다. 일반적으로 북쪽 사람은 vâng 벙 을 사용하지만 남쪽 사람은 dạ 재(야)를 사용한다. 북부지방에서 dạ를 사용하면 vâng보다 더 예의 바른 표현이다.

북 **vâng** < **dạ** ❶번보다 ❷번이 더 예의 바른 표현

남 **dạ** 대부분 이 표현만을 사용

예 Vâng, có.
벙, 꼬

예, 있어요.

Vâng, không có.
벙, 콩 꼬

예, 없어요.

어느 나라에서 오셨어요?
Anh đến từ nước nào? 아잉(안) 덴 뜨 느억 나오

Track
12

저는 한국에서 왔어요.
···> **Tôi đến từ Hàn Quốc.**
또이 덴 뜨 한 꾸옥

❶ 베트남

Việt Nam
비엣 남

❷ 미국

Mĩ
미

❸ 프랑스

Pháp
팝

đến 덴 ⟺ **đi** 디
오다   가다

★ 동사 **đến** 덴은 우리말 오다에 해당한다. 반대말은 **đi** 디 가다이다.

🔵 **Đến đây.**
덴 데이

이리 와.

* **đây** 데이 여기, 이곳

---

nào 나오
어느

★ **nào** 나오는 항상 명사 뒤에 사용하고 그 명사를 수식한다. 우리말 어느에 해당한다.

nước nào   어느 나라
느억 나오

người nào   어느 사람
응으어이 나오

cái nào   어느 것
까이 나오

---

từ 뜨
~에서

★ từ는 우리말 ~에서, ~부터에 해당한다.

---

từ~ đến~~   ~에서(부터) ~~까지

Tôi đến từ Hàn Quốc.   저는 한국에서 왔어요.
또이 덴 뜨 한 꾸옥

Anh ấy đến từ Mĩ.   그는 미국에서 왔어요.
아잉(안) 에이 덴 뜨 미

주의 ■ Từ~ đến~   ~에서 ~까지

Từ Seoul đến Busan   서울에서 부산까지
뜨 서울 덴 부산

Từ Hà Nội đến Sài Gòn   하노이에서 사이공까지
뜨 하노이 덴 사이 곤

Từ 6 giờ đến 9 giờ   6시부터 9시까지   * giờ 저 ~시時
뜨 사우 저 덴 찐 저

응용 4

그는 한국 사람이에요.

Anh ấy là người Hàn Quốc.

아잉(안) 에이 라 응으어이 한 꾸옥

❶ 그녀
cô ấy
꼬 에이

❷ 그들
họ
호

❸ 그분들
các ông ấy
깍 옹 에이

3인칭대명사

3인칭대명사는 2인칭대명사 + ấy(그)의 형태이다.

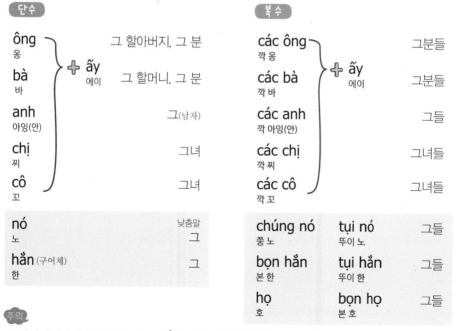

단수

ông 옹		그 할아버지, 그 분
bà 바	+ ấy 에이	그 할머니, 그 분
anh 아잉(안)		그(남자)
chị 찌		그녀
cô 꼬		그녀

nó 노	낮춤말 그
hắn 한 (구어체)	그

복수

các ông 깍 옹		그분들
các bà 깍 바	+ ấy 에이	그분들
các anh 깍 아잉(안)		그들
các chị 깍 찌		그녀들
các cô 깍 꼬		그녀들

chúng nó 쭝 노	tụi nó 뚜이 노	그들
bọn hắn 본 한	tụi hắn 뚜이 한	그들
họ 호	bọn họ 본 호	그들

주의

■ 3인칭대명사의 복수형은 주로 các + 단수 3인칭대명사의 형태이다.

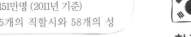

■ 수도 : **Hà nội** 하노이
■ 면적 : 331,698㎢ (한반도 : 220,000㎢)
■ 인구 : 약 9,151만명 (2011년 기준)
■ 행정구역 : 5개의 직할시와 58개의 성

베트남
Việt Nam 비엣 남

한국
Hàn Quốc 한 꾸옥

중국
Trung Quốc 쭝 꾸옥

일본
Nhật Bản 녓 반

태국
Thái Lan 타이란

인도네시아
In-đô-nê-xi-a
인 도 네 씨 아

러시아
Nga
응아

영국
Anh
아잉

미국
Mĩ
미

호주
Úc
욱

독일
Đức
득

스페인
Tây Ban Nha
떼이 반 냐

프랑스
Pháp
팝

어느 나라에서 오셨어요?

Anh đến từ nước nào?

아잉(안) 덴 뜨 느억 나오

새로운 단어

★ **là** 라   ~이다 영어의 be동사

★ **người** 응으어이   사람

★ **nước ngoài**   외국
    느억 응오아이

    nước 느억   나라

    ngoài 응오아이   밖, 외

★ **phải không?**   ~지요?, 맞아요? 부가의문문
    파이 콩

★ **vâng** 벙   예

★ **đúng** 둥   맞다

★ **thế** 북테   종결어미 (의문문)
   vậy 남베이

★ **đến** 덴   오다

★ **từ** 뜨   ~에서, ~부터

★ **nào** 나오   어느

★ **Hàn Quốc**   한국
    한 꾸옥

★ **anh ấy**   그 영어의 he
    아잉(안) 에이

★ **Trung Quốc**   중국
    쫑 꾸옥

안녕하세요?

Chào anh.

짜오 아잉(안)

안녕하세요?

Chào em.

짜오 앰

실례지만, 외국 사람이신가요?

Xin lỗi, anh là người nước ngoài, phải không?

씬 로이, 아잉(안) 라 응으어이 느억 응오아이 파이, 콩

예, 맞아요.

Vâng, đúng thế.

벙, 둥 테

어느 나라에서 오셨어요?

Anh đến từ nước nào?

아잉(안) 덴 뜨 느억 나오

저는 한국에서 왔어요.

Tôi đến từ Hàn Quốc.

또이 덴 뜨 한 꾸옥

그리고(그럼) 그는 어디에서 오셨어요?

Còn, anh ấy đến từ nước nào?

꼰, 아잉(안) 에이 덴 뜨 느억 나오

중국에서요.

Trung Quốc.

쯩 꾸옥

Anh đến từ nước nào?

어느 나라에서 오셨어요?

저는 한국에서 왔어요.

너가 할거지?

Em làm, phải không?

앰 람, 파이 콩

❶ 사다
mua
무아

❷ 보다
xem
쌤

❸ 묻다
hỏi
호이

~phải không? 파이 콩
~지요, 그렇죠?

★ 우리말 어미 ~지요, 그렇죠?에 해당하는 부가 의문문 표현이다.
phải không?은 문장 끝에 사용된다.

Anh là người Hàn Quốc, phải không?   당신은 한국사람이지요?
아잉(안) 라 응으어이 한 꾸옥, 파이 콩

Em có tiền, phải không?   너 돈 있지, 그렇지?
앰 꼬 띠엔, 파이 콩

응용 2

저는 베트남에 온 지 1년 됐어요.

Tôi đến Việt Nam được một năm rồi.

또이 덴 비엣 남 드억 못 남 북 조이
남 로이

Track 13

❶ 달 月
tháng
탕

❷ 주일
tuần
뚜언

❸ 일 日
ngày
응애이

được 드억

(시간) ~한 지 ~되다

★ 우리말 ~한지 ~되다에 해당하며 **được** + 시간의 형태로 사용된다.

được ✛ 시간

🔊 **Em làm ở đây được sáu tháng rồi.**   여기서 일한지 6개월 됐어요.

앰 람 어 데이 드억 사우 탕 북 조이
남 로이

* sáu 사우 여섯, 6
* tháng 탕 ~월, 개월

이 일은 매우 어렵네요.

Việc này khó lắm.
비엑 내이 코 람

❶ 쉽다
dễ
⑧ 제
⑨ 예

❷ 힘들다
vất vả
벗 바

❸ 시간이 걸리다
mất thời gian
멋 터이 쟌

lắm 람
매우, 몹시

★ 부사 lắm은 형용사 뒤에 사용된다.
우리말 매우, 몹시에 해당한다.

Việc này khó lắm.   이 일은 매우 어려운데요.   * khó 코 어렵다
비엑 내이 코 람

Món ăn đó cay lắm.   그 음식은 몹시 매워요.   * món ăn 몬 안 음식
몬 안 도 깨이 람   * cay 깨이 맵다

베트남 쌀국수 phở

베트남에 가세요?

Anh đi Việt Nam không?

아잉(안) 디 비엣 남 콩

❶ 중국
Trung Quốc
쭝 꾸옥

❷ 미국
Mĩ
미

❸ 프랑스
Pháp
팝

(có) ~ không? (꼬) ~ 콩
의문문 표현

★ 우리말 ~습니까?/~어요?에 해당하는 의문표현이다.

có는 생략할 수 있다. 주어 + (có) + 동사 + không?의 형태로 사용된다.

의문 표현

주어 ✛ (có) ✛ 동사 ✛ không?

예 Giám đốc có ở văn phòng không?   사장님은 사무실에 계십니까?

🇰🇷북 잠 독 꼬어 반퐁 콩
🇻🇳남 얌
      * văn phòng 반 퐁 사무실

Anh đi Hàn Quốc không?   한국에 갑니까?
아잉(안) 디 한 꾸옥 콩

03 베트남어를 할 줄 아세요?

Anh biết nói tiếng Việt không?

아잉(안) 비엣 노이 띠엥 비엣 콩

언어

새로운 단어

★ **biết** 비엣	알다	
★ **nói** 노이	말하다	
★ **tiếng** 띠엥	말, 소리	
tiếng Việt 띠엥 비엣	베트남어	
★ **học** 혹	배우다, 공부하다	
★ **được** 드억	~이 되다	
★ **mấy** 메이	몇	
★ **năm** 남	년	

★ **rồi** 🔵조이 🔴로이	과거 ~했다	
★ **ba** 바	3	
★ **hay** 해이	잘하다	
★ **lắm** 람	매우, 몹시	
★ **cám ơn** 깜 언	고맙다, 감사하다	
★ **ở** 어	~에서	
★ **đâu** 더우	어디	
★ **tự học** 뜨 혹	자습하다	

실례지만, 한국사람이시지요?

Xin lỗi, anh là người Hàn Quốc, phải không?

씬 로이, 아잉(안) 라 응으어이 한 꾸옥, 파이 콩

예, 맞아요.

Vâng, đúng thế.

벙, 둥 테

베트남어를 할 줄 아세요?

Anh biết nói tiếng Việt không?

아잉(안) 비엣 노이 띠엥 비엣 콩

알지요.

Biết chứ.

비엣 쯔

베트남어를 배우신 지 몇 년 됐나요?

Anh học tiếng Việt được mấy năm rồi?

아잉(안) 혹 띠엥 비엣 드억 메이 남 조이(로이)

3년이 됐어요.

Được ba năm rồi.

드억 바 남 조이(로이)

베트남어를 매우 잘하시네요.

Anh nói tiếng Việt hay lắm.

아잉(안) 노이 띠엥 비엣 해이 람

고맙습니다.

Cám ơn em.

깜 언 앰

베트남어를 어디에서 배우세요?

Anh học tiếng Việt ở đâu?

아잉(안) 혹 띠엥 비엣 어 더우

자습해요.

Tôi tự học.

또이 뜨 혹

이것이 좋다.
Cái này tốt.
까이 내이 똣

❶ 그
đó
도

❷ 저
kia
끼아

---

này, đó, kia 내이, 도, 끼아
이,   그,   저

★ này, đó, kia는 명사 뒤에 사용되고 우리말 이, 그, 저의 뜻이다.

명사 ✛ này · đó · kia

예 Nơi này không có nước.
너이 내이 콩 꼬 느억

이곳은 물이 없다.

* nơi 너이 장소, 곳
* nước 느억 물

Người đó là công nhân.
응으어이 도 라 꽁 년

그 사람은 근로자예요.

* công nhân 꽁 년 근로자

Cái kia rất tốt.
까이 끼아 (북) 젓 똣
(남) 럿

저것이 아주 좋다.

당신은 자동차가 있나요?

Anh có xe hơi không?

아잉(안) 꼬 쌔 허이 콩

Track 14

❶ 단독주택

nhà riêng

냐 (북) 지엥
(남) 리엥

❷ 휴대폰

điện thoại di động

디엔 토아이 지 동

❸ 컴퓨터

máy vi tính

매이 비 띵

---

không 콩

아니요

★không은 우리말 아니요에 해당하며, 대답할 때 사용하는 표현이다.

không의 반대말은 (북)vâng 병 / (남)dạ 야 예이다.

예 Bây giờ anh có ở công ty không?   지금 회사에 계세요?

베이 (북)저 아잉(안) 꼬 어 꽁 띠 콩
(남)여

* bây giờ 베이 저(여) 지금

⋯▸ Không, không có.   아니요, 없어요.

콩, 콩 꼬

69★

이것은 탁자가 아니다.

Cái này không phải là cái bàn.

까이 내이 콩 파이 라 까이 반

Track
14

❶ 의자

cái ghế

까이 게

❷ 책

quyển sách

꾸웬 사익

❸ 오토바이

xe máy

쌔 매이

---

không phải (là) ~ 콩 파이 (라)~

~이 아니다

★không phải (là)~ 는 우리말 ~이 아니다에 해당하는 부정문 표현이다.
경우에 따라 là를 생략할 수 있다.

---

không phải (là) ✚ 명사   ~이 아니다

예 Không phải cái đó.

콩 파이 까이 도

그것이 아니다.

Cái này không phải là cái bàn.

까이 내이 콩 파이 라 까이 반

이것은 탁자가 아니다.

텔레비전
tivi 띠비

냉장고
tủ lạnh 뚜 라잉

에어컨
- 북 máy điều hòa 매이 디에우 화
- 남 máy lạnh 매이 라잉

DVD player
đầu đĩa DVD
더우 디아 디비디

컴퓨터
máy vi tính
매이 비 띵

노트북 컴퓨터
máy (vi) tính xách tay
매이 (비) 띵 싸익 때이

청소기
máy hút bụi
매이 훗 부이

침대
giường
즈엉(유엉)

책상/탁자
bàn
반

의자
ghế 게

카메라
máy ảnh
매이 아잉(안)

i-pad(아이패드)
máy tính bảng
매이 띵 방

스마트폰
điện thoại thông minh
디엔 토아이 통 밍

볼펜
bút bi
붓 비

책
sách
사익

연필
bút chì
붓 찌

지우개
cục gôm
꾹 곰

04 이것은 무엇입니까?

Cái này là cái gì?

까이 내이 라 까이 지

사물

새로운 단어

★ cái này 까이 내이	이것	
★ cái gì 까이 지	무엇	
★ đây 데이	이것, 여기	
★ USB 유 엣 비	USB	
★ còn 꼰	그리고	
★ cái kia 까이 끼아	저것	
★ máy vi tính 매이 비 띵	컴퓨터	

★ xách tay 싸익 때이	휴대(용)	
máy tính xách tay 매이 띵 싸익 때이	노트북 컴퓨터	
★ sản phẩm 산 펌	제품, 상품	
★ của 꾸아	~의 소유격	
★ à 아	정태어情態語 의문형 종결어미	
★ không 콩	아니오	
★ không phải(là)~ 콩 파이	~이 아니다	
★ hiệu 히에우	브랜드	

동혁 씨, 이것은 무엇입니까?

Anh Donghyuk, cái này là cái gì?

아잉(안) 동혁, 까이 내이 라 까이 지

이것은 유에스비예요.

Đây là cái USB.

데이 라 까이 유 에스 비

그럼, 저것은 무엇입니까?

Còn, cái kia là cái gì?

꼰, 까이 끼아 라 까이 지

저것은 노트북 컴퓨터예요.

Đó là máy tính xách tay.

도 라 매이 띵 싸익 때이

미국 제품이에요?

Sản phẩm của Mĩ à?

산 펌 꾸아 미 아

아니오, 미국 것이 아니라 한국 거예요.

Không, không phải của Mĩ, của Hàn Quốc.

콩, 콩 파이 꾸아 미, 꾸아 한 꾸옥

무슨 브랜드예요?

Hiệu gì thế?

히에우 지 테

이것은 삼성이고 저것은 엘지예요.

Đây là Samsung, đó là LG.

데이 라 삼승, 도 라 엘지

나는 건축사로 일해요.(=나는 건축사예요)

Tôi làm kiến trúc sư.

또이 람 끼엔 쭉 스

❶ 사장

giám đốc
(북) 잠
(남) 얌 독

❷ 근로자

công nhân
꽁 년

làm 람

하다

★ 동사 làm은 우리말 하다 또는 근무하다, 종사하다 의 뜻이다.

예 Làm việc.
람 비엑

일을 한다.

Anh ấy làm nghề gì?
아잉(안) 에이 람 응에 지

그는 무슨 직업에 종사합니까?
(=그는 무슨 일을 합니까?)

Người đó làm nghề báo.
응으어이 도 람 응에 바오

그 사람은 신문 업무에 종사합니다.

* báo 바오 신문

Tôi làm giám đốc.
또이 람 잠(얌) 독

나는 사장으로 일합니다.
(=나는 사장이다)

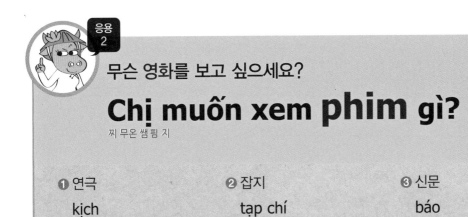

응용 2

무슨 영화를 보고 싶으세요?

Chị muốn xem phim gì?

찌 무온 쌤 핌 지

① 연극
kịch
끽

② 잡지
tạp chí
땁 찌

③ 신문
báo
바오

의문사

★ 의문사는 다음과 같다.

의문사

ai 아이	누구	**đâu** 더우	어디
cái gì 까이 지	무엇	**gì** 지	무슨
nào 나오	어느	**thế nào** 테 나오	어떻다, 어떤, 어떻게
tại sao 따이 사오	왜	**sao** 사오	어떻게
mấy 메이	몇	**bao lâu** 바오 러우	얼마나 시간
bao nhiêu 바오 녜우	얼마 / 얼마나	**bao xa** 바오 싸	얼마나 거리

예 Ai làm?
아이 람

⋯▶ Tôi làm.
또이 람

누가 해요?

내가 해요.

예 Ngân hàng ở đâu?
응언 항 어 더우

⋯▶ Ở đẳng kia.
어 당 끼아

은행이 어디에 있어요?

저기에 있어요.　　　* Ngân hàng 응언 항 은행

예 Cái này là cái gì?
까이 내이 라 까이 지

⋯▶ Đây là máy vi tính.
데이 라 매이 비 띵

이것은 뭐예요?

이것은 컴퓨터예요.

예 Chị đọc báo gì?
찌 독 바오 지

⋯▶ Tôi đọc báo Tuổi Trẻ.
또이 독 바오 뚜오이 째

무슨 신문을 읽으세요?　　　* đọc 독 읽다

뚜오이 째 신문을 읽어요.

예 Cái nào tốt?
까이 나오 똣

⋯▶ Cái này tốt.
까이 내이 똣

어느 것이 좋아요?　　　* tốt 똣 좋다

이것이 좋아요.

예 Thời tiết thế nào?
터이 띠엣 테 나오

⋯▶ Thời tiết tốt.
터이 띠엣 똣

날씨가 어때요?

날씨가 좋아요.

예 Tại sao anh không đi? 왜 가지 않아요?
따이 사오 아잉(안) 콩 디

···▶ Vì tôi bận. 바빠서요. * vì 비 ~해서, ~ 때문에
비 또이 번

예 Sao anh biết? 어떻게 아세요? * biết 비엣 알다
사오 아잉(안) 비엣 * nói 노이 말하다

···▶ Anh ấy nói. 그가 말했어요.
아잉(안) 에이 노이

예 Gia đình anh có mấy người? 가족이 몇 명이에요?
북 자 딩 아잉(안) 꼬 메이 응으어이 * gia đình 자(야) 딩 가족
남 야

···▶ Gia đình tôi có ba người. 우리 가족은 3명이에요.
자 딩 또이 꼬 바 응으어이

예 Từ nhà đến công ti mất bao lâu? 집에서 회사까지 얼마나 걸려요?
뜨 냐 덴 꽁 띠 멋 바오 러우

···▶ Hai mươi phút. 20분요. * nhà 냐 집
하이 므어이 풋

예 Từ đây đến đó bao xa? 여기서 거기까지 거리는 얼마나 돼요?
뜨 더이 덴 도 바오 싸

···▶ năm(5) km. 5 킬로미터요.
남 킬로 맷

gì 지
무슨

★ **gì**는 명사 뒤에 와서 앞의 명사를 수식한다.

예 Anh làm nghề gì?
아잉(안) 람 웅에 지?

무슨 직업에 종사합니까?
(=무슨 일을 합니까?)

Chị muốn xem phim gì?
찌 무온 쌤 핌 지

무슨 영화를 보고 싶으세요?

　　　* muốn 무온 원하다, ~하고 싶다
　　　* xem phim 쌤 핌 영화를 보다

cái gì와 gì를 구분하기

cái gì 무엇 은 독립적으로 사용되고 gì 무슨 은 명사 뒤에 쓰인다.

Cái này là cái gì?
까이 내이 라 까이 지 └── 무엇

이것은 무엇입니까?

Có việc gì?
꼬 비엑 지 └── 무슨

무슨 일이 있어요?

* việc 비엑 일

응용 3

나는 베트남에 가요.

Tôi đi Việt Nam. ⤳ 그래요?
Thế à?

또이 디 비엣 남

테 아

Track 15

① 사이 곤

Sài Gòn

사이 곤

② 하 노이

Hà Nội

하 노이

③ 다 낭

Đà Nẵng

다 낭

Thế à?

그래요?

★ 보통 놀랄 때나 무엇을 알아봤을 때 사용하는 표현이다. 남부에서는 **vậy à**
베이 아 가 같은 뜻으로 사용된다. 우리말 그래요?에 해당한다.

Tôi mới đi Việt Nam về.

또이 머이 디 비엣 남 베

나는 금방 베트남에 갔다 왔어요.

⤳ 북 Thế à?

테 아

남 Vậy à?

베이 아

그래요?

베트남 재래시장

응용 4

내 서류는 어디에 있습니까?

Tài liệu của tôi đâu?
따이 리에우 꾸아 또이 더우

Track 15

❶ 컴퓨터

máy vi tính
매이 비 띵

❷ 책

sách
사익

❸ 자동차

xe hơi
쌔 허이

---

của 꾸아
～의 소유격

★của는 우리말 ～의 소유격에 해당한다.

명사 ➕ **của** ➕ 대명사/명사

예 **Xe ôtô của tôi.**
쌔 오또 꾸아 또이

나의(내) 자동차 　　 * xe ôtô 쌔 오또 자동차

> 요즘은 자동차를 xe hơi 쌔 허이 보다는
> xe ôtô 쌔 오또 라는 표현을 많이 사용한다.

Công việc của anh thế nào? 당신(의) 일은 어때요?
꽁 비엑 꾸아 아잉(안) 테 나오

교사
giáo viên
(북)자오 비엔
(남)야오

학생
học sinh
혹 싱

의사
bác sĩ
박시

간호사
y tá
이 따

변호사
luật sư 루엇 스

요리사
đầu bếp 더우 벱

운전사
tài xế / lái xe 따이 쎄 / 라이 쌔

사진사
thợ chụp hình
터쭙힝

전기기사
thợ điện
터 디엔

농민
nông dân
농 (북)전
(남)연

어민
ngư dân
터 (북)전
(남)연

근로자
công nhân 꽁 년

경찰
cảnh sát
까잉(깐) 삿

가수
ca sĩ 까:시

컴퓨터 프로그래머
lập trình viên 립 찡 비엔

주부
người nội trợ 응으어이 노이 쩌

05 요즘 무슨 직업에 종사하세요?
직업

Dạo này anh làm nghề gì?
자오 내이 아잉(안) 람 응에 지

새로운 단어

* **lâu** 러우   오래된

* **làm** 람   하다, 만들다

* **gặp** 갑   만나다

* **khỏe** 꽤   건강하다, 잘 지내다

* **bình thường** 보통, 그저 그렇다
  빙 트엉

* **dạo này**   요즘
  북 자오 내이
  남 야오

* **nghề** 응에   직업

* **gì** 지   무슨

* **kiến trúc sư**   건축사
  끼엔 쭉 스

* **cho** 쪼   ~에, ~에게/한테

* **công ty** 꽁 띠   회사

* **xây dựng**   건설하다, 짓다
  쎄이 증

* **giảng viên**   강사
  북 장 비엔
  남 양

* **à** 아   아

* **dạy**   가르치다, 강의하다
  북 재이
  남 야이

* **nhiều** 녜우   많다

* **giờ**   시간
  북 저
  남 여

* **bốn mươi**   40
  본 므어이

* **một tuần**   1주일
  못 뚜언

* **công việc**   일
  꽁 비엑

* **thế nào** 테 나오   어떻다

* **bận** 번   바쁘다

안녕하세요? 오래간만이에요.

Chào anh. Lâu lắm mới gặp anh.

짜오 아잉(안).　러우 람 머이 갑 아잉(안)

Track 15

안녕하세요? 잘 지냈어요?

Chào em. Em có khỏe không?

짜오 앰.　앰 꼬 쾌 콩

고마워요. 저는 잘 지냈어요. 당신은요?

Cám ơn anh, tôi khỏe. Còn anh?

깜 언 아잉(안). 또이 쾌.　꼰 아잉(안)

그저 그래요.

Bình thường.

빙 트엉

요즘 무슨 직업에 종사하세요?

Dạo này anh làm nghề gì?

🔵자오 🔴야오 내이 아잉(안) 람 응에 지

저는 건설회사에서 건축사로 일해요. 당신은요?

Tôi làm kiến trúc sư cho một công ty xây dựng. Còn em?

또이 람 끼엔 쭉 스 쪼 못 꽁 띠 쌔이 증.　꼰 앰

저는 베트남어 강사예요.

Em là giảng viên tiếng Việt.

앰 라 🔵장 🔴양 비엔 띠엥 비엣

아, 그래요? 수업이 많아요?

À, thế à? Em dạy nhiều giờ không?

아, 테 아? 앰 🔵재이 🔴야이 녜우 🔵저 🔴여 콩

1주일에 40시간요. 오빠의 일은 어때요?

Bốn mươi giờ một tuần. Công việc của anh thế nào?

본 므어이 🔵저 🔴여 못 뚜언.　꽁 비엑 꾸아 아잉(안) 테 나오

매우 바빠요.

Bận lắm.

번 람

응용 1

쭝 오빠, 안녕하세요.

Chào anh Trung.
짜오 아잉(안) 쭝

❶ 뚜언 씨

anh Tuấn
아잉(안) 뚜언

❷ 뜨

Tứ
뜨

❸ 빙 나보다 어린 사람에게

em Vinh
앰 빙

Chào anh Jung-hwan
정환오빠, 안녕하세요?

★ 보통 인사할 때 chào + 2인칭대명사/직위를 가리키는 말 + 이름의 형태로,
뒤에 이름을 붙여 인사한다.

chào ✛ 2인칭대명사 ✛ 이름
직위를 가르키는 말

예 Xin chào cô Tịnh.
씬 짜오 꼬 띵
└→ 여 선생님을 가리키는 말

띵 선생님, 안녕하세요.

Chào anh Chi-hyun.
짜오 아잉(안) 치 현

치현 오빠, 안녕하세요.

상대방이 나와 동갑이거나 나보다 나이가 적은 경우에는 chào + 이름 형태로 표현한다.

chào ✛ 이름

Chào Kiên.   끼엔, 안녕.
짜오 끼엔

응용
2

무엇을 하는데 그렇게 서두르세요?

Anh làm gì mà vội thế?

아잉(안) 람 지 마 보이 테

❶무슨 일이 생기다
có việc gì
꼬 비엑 지

❷어디에 가다
đi đâu
디 더우

❸누구와 약속하다
hẹn với ai
핸 버이 아이

---

mà 마
~하는데

*mà는 우리말의 연결어미 **~하는데**에 해당하는데 문장 중간에 나온다. 보통 의문문에서 많이 사용된다.

예▶ Anh đi đâu **mà** vội thế?
아잉(안) 디 더우 마 보이 테

어디에 가는데 그렇게 서두르세요?

* **vội** 보이 서둘르다

Em nghĩ gì **mà** trông buồn thế?
앰 응이 지 마 쫑 부온 테

뭘 생각하는데 그렇게 슬퍼 보여요?

* **nghĩ** 응이 생각하다
* **buồn** 부온 슬프다
* **trông** 쫑 ~처럼 보이다

나는 공장에 갑니다.

Tôi đi đến nhà máy.

또이 디 덴 냐 매이

Track 16

❶ 회사

công ty
꽁 띠

❷ 호텔

khách sạn
카익 산

❸ 공항

sân bay
선 배이

đến 덴
~에, ~까지

★đến은 보통 이동 동사 đi 가다, đến 오다 와 같이 사용된다. 행동의 목적지를 가리키는 ~에 와 비슷하다. 보통 đến(동사)오다 와 같이 사용하면 같은 발음이기 때문인지 하나(đến)가 생략된다.

Tôi đi đến công ty.
또이 디 덴 꽁 띠

나는 회사에 갑니다.

Anh ấy đã đến đây.
아잉(안) 에이 다 덴 데이

그는 여기에 왔어요.

* đã 다 ~했다 〈과거형〉

응용
4

우리 회사는 호찌민시에 있습니다.

Công ty tôi ở Thành phố Hồ Chí Minh.

꽁 띠 또이 어 타잉 포 호 찌 밍

Track
16

❶ 하노이
Hà Nội
하노이

❷ 다낭
Đà Nẵng
다낭

❸ 쩌런
Chợ lớn
쩌런

địa chỉ 디아 찌
주소

★주소를 쓰는 순서는 영어와 같다. 우리말과 완전히 거꾸로 된다. 즉 작은 것
부터 큰 것 순으로 작성해야 한다.

단독주택 주소양식

Số 4(phố) Tràng Tiền, Quận Hoàn Kiếm, Hà Nội, Việt Nam
소 본(포) 짱 띠엔, 꾸언 호안 끼엠, 하 노이, 비엣 남

베트남 하노이 호안끼엠군 짱 띠엔로 4번지

Số 22, (đường) Nguyễn Trãi, Phường Bến Thành,
소 하이므어이 하이, (드엉) 응웬 짜이, 프엉 벤 타잉,

Quận 1, Thành phố Hồ Chí Minh, Việt Nam
꾸언 못, 타잉 포 호 찌 밍, 비엣 남

베트남 호찌민시 1군 벤타잉동 응웬짜이로 22번지

Số 111, chung cư 88, số 585, (đường) Cách Mạng Tháng Tám, Quận 10,

소 못 못 못, 쭝 끄 땀 므어이 땀, 소 남쨈 땀므어이 람, (드엉) 까익 망 탕 땀, 꾸언 므어이,

Thành phố Hồ Chí Minh, Việt Nam

타잉 포 호 찌 밍, 비엣 남

베트남 호찌민시 10군 까익 망탕땀길 585번지 880아파트 111호

Số 1484, tổ 18, ấp Đông Bình A, xã Đông Bình,

소 못응인 본쨈 땀므어이 본, 또 므어이땀, 업 동 빙 아, 싸 동 빙,

huyện Bình Minh, tỉnh Vĩnh Long, Việt Nam

휘엔 빙 밍, 띵 빙 롱, 비엣 남

베트남 빙롱성 빙밍군 동빙면 동성A리 18조 1484번지

베트남집들

베트남빌딩

응용 5

그는 은행에서 근무합니다.

Anh ấy làm việc ở ngân hàng.

아잉(안) 에이 람 비엑 어 응언 항

① 사무실

văn phòng

반 퐁

② 공장

nhà máy

냐 매이

③ 우체국

bưu điện

브우 디엔

ở 어

~에/에서

★ 장소를 가리키는 ở는 우리말 ~에 (있다)/에서 에 해당한다.

ở ✛ 장소, 지명

Ông ấy làm việc ở Vĩnh Long.

옹 에이 람 비엑 어 빙 롱

그 분은 빙롱에서 근무하신다.

Tôi sống ở Phú Mĩ Hưng.

또이 송 어 푸 미 흥

나는 푸미흥에 삽니다.

Quê tôi ở Gia Lai.

꿰 또이 어 **(북)** 자 라이

(남) 야

우리 고향은 잘라이입니다.

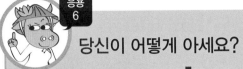

응용
6

당신이 어떻게 아세요?

Sao anh biết?
사오 아잉(안) 비엣

❶ 그 분

ông ấy
옹 에이

❷ 사람들

mọi người
모이 응으어이

❸ 사장님

giám đốc
🔵 잠 독
🔵 얌

---

sao 사오
어떻게

★ sao 사오 는 làm sao 람 사오, làm thế nào 람 테 나오 와 비슷한데 우리말 **어떻게**에
해당한다.

예 Sao anh biết?   당신은 어떻게 아세요?
사오 아잉(안) 비엣

당신이 어떻게 아세요?

06 당신의 회사는 어디입니까?

Công ty của anh ở đâu?

꽁 띠 꾸아 아잉(안) 어 더우

방향

★ đi 디	가다	★ đó 도	그, 그곳
★ đâu 더우	어디	★ khu trung tâm 쿠 쯩 떰	중심지
★ mà 마	~하는데	★ đúng 둥	맞다
★ vội 보이	서두르다	★ sao 사오	어떻게
★ đến 덴	~에, ~까지	★ công ty 꽁 띠	회사
★ chỗ làm 쪼 람	직장	★ ở gần 어 건	근처
★ ở 어	~에 있다	ở gần đó 어 건 도 거기	거기 근처
★ số 소	번지	★ tầng 떵	층
số 22 소 하이 므어이 하이	22번지	tầng 12 떵 므어이 하이	12층
★ đường 드엉	길, 로路	★ Zen Plaza 잰 플라자	Zen Plaza 종합빌딩
đường Nguyễn Trãi 드엉 응웬 짜이	응웬 짜이로路		
★ quận 꾸언	군, 구		
Quận 1 꾸언 못	1 군		

★92

정환오빠, 안녕하세요?

Chào anh Jung-hwan.

짜오 아잉(안) 정-환

아, 투항 안녕하세요? 어디에 가는데 그렇게 서두르세요?

A, chào Thu Hằng. Em đi đâu mà vội thế?

아, 짜오 투항. 앰 디 더우 마 보이 테

저는 직장에 가요.

Em đi đến chỗ làm.

앰 디 덴 쪼 람

직장은 어디에요?

Chỗ làm của em ở đâu?

쪼 람 꾸아 앰 어 더우

1군, 응웬짜이로, 22번지에 있어요.

Ở số 22, đường Nguyễn Trãi, Quận 1.

어 소 하이 므어이 하이, 드엉 응웬 짜이, 꾸언 못

그곳은 사이공의 중심지인데.

Đó là khu trung tâm của Sài Gòn.

도 라 쿠 쭝 떰 꾸아 사이 곤

맞아요. 어떻게 아세요?

Đúng rồi. Sao anh biết?

둥 🅝조이 🅢로이. 사오 아잉(안) 비엣

우리 회사가 거기 근처에 있거든요.

Công ty của tôi ở gần đó mà.

꽁 띠 꾸아 또이 어 건 도 마

오빠 회사는 어디예요?

Công ty của anh ở đâu?

꽁 띠 꾸아 아잉(안) 어 더우

잰 플라자 12층에 있어요.

Ở tầng 12, Zen Plaza.

어 떵 므어이 하이, 잰 플라자

당신 집은 차가 몇 대(마리) 있어요?

Nhà anh có mấy chiếc xe?

냐 아잉(안) 꼬 메이 찌엑 쌔

❶ 전화

cái điện thoại

까이 디엔 토아이

❷ 개

con chó

꼰 쪼

❸ 고양이

con mèo

꼰 매오

mấy 메이
몇

*mấy는 일반적으로 많지 않은 수량을 물어볼 때 사용하는 의문사이다.
항상 명사 앞에 오며, 우리말 **몇**이라는 뜻이다.

mấy ✚ 명사   몇~

예 Chị có mấy chiếc xe?
찌 꼬 메이 찌엑 쌔

차가 몇 대 있어요?

여기에 있는 한국사람들

Những người Hàn Quốc ở đây

녀응 응으어이 한 꾸옥 어 데이

Track
17

❶ 베트남 사람

người Việt Nam

응으어이 비엣 남

❷ 미국 사람

người Mĩ

응으어이 미

❸ 영국 사람

người Anh

응으어이 아잉(안)

những 녀응

~들

★những은 명사 앞에 와서 확정되지 않는 복수의 뜻을 나타낸다. 우리말 ~들과 비슷하다.

những ✚ 명사   ~들

예 Những ngày hạnh phúc.   행복한 날들

녀응 응애이 하잉(한) 푹

* hạnh phúc 하잉(한) 푹 행복하다

Những cô gái đẹp xinh đã đến. 예쁜 아가씨들이 왔다.

녀응 꼬 가이 씽 뎁 다 덴

* cô gái 꼬 가이 아가씨, 소녀

* xinh đẹp 씽 뎁 예쁘다

응용
3

이 회사와 그 회사

Công ty này và công ty đó
꽁 띠 내이 바 꽁 띠 도

❶ 사람

người
응으어이

❷ 차

xe
쌔

❸ 집

nhà
냐

và 바
~하고, ~와/과, (이)랑, ~및

★và는 명사와 명사를 연결하는 말로, 우리말 ~하고, ~와/과, ~(이)랑, ~및에
해당한다.

Cái này và cái đó
까이 내이 바 까이 도

이것과 그것

Văn phòng và nhà máy đều ở Bình Dương.
반 퐁 바 냐 매이 데우 어 빙 즈엉

사무실과 공장은 모두 빙 즈엉에 있다.

* văn phòng 반 퐁 사무실
* nhà máy 냐 매이 공장

나는 50살이에요.

Tôi năm mươi tuổi.

또이 남 므어이 뚜오이

❶ 열 아홉

mười chín

므어이 찐

❷ 스물 다섯

hai mươi lăm

하이 므어이 람

❸ 서른 한

ba mươi mốt

바 므어이 못

수사

★ 베트남어는 우리말과 달리 한자어 수사를 거의 사용하지 않고 대부분 고유어 수사를 사용한다.

숫자	베트남어	발음	숫자	베트남어	발음
1	một	못	11	mười một	므어이 못
2	hai	하이	12	mười hai	므어이 하이
3	ba	바	13	mười ba	므어이 바
4	bốn	본	14	mười bốn	므어이 본
5	năm	남	15	mười lăm	므어이 람
6	sáu	사우	16	mười sáu	므어이 사우
7	bảy	배이	17	mười bảy	므어이 배이
8	tám	땀	18	mười tám	므어이 땀
9	chín	찐	19	mười chin	므어이 찐
10	mười	므어이	20	hai mươi	하이 므어이

10이상의 숫자 표현

1 10이상은 năm(5)이 뒤에 오면 năm ···▶ lăm으로 변한다.

예 55 **năm mươi lăm**
남 므어이 람

65 **sáu mươi lăm**
사우 므어이 람

2 20이상은 mười가 뒤에 오면서 mười ···▶ mươi로 변한다.

예 20 **hai mươi**
하이 므어이

30 **ba mươi**
바 므어이

3 20이상은 một이 뒤에 오면 một ···▶ mốt으로 변한다.

예 41 **bốn mươi mốt**
본 므어이 못

51 **năm mươi mốt**
남 므어이 못

숫자	베트남어	발음
100 백	một trăm	못 짬
101	một trăm linh (lẻ) một	못 짬 링(래) 못
1,000 천 1×1,000	một nghìn(ngàn)	못 응인(응안)
10,000 만 10×1,000	mười nghìn	므어이 응인
100,000 십만	một trăm nghìn	못 짬 응인
1,000,000 백만	một triệu	못 찌에우
10,000,000 천만	mười triệu	므어이 찌에우
100,000,000 억	một trăm triệu	못 짬 찌에우
1,000,000,000 십억	một tỉ	못 띠

■ 0은 không 콩이다.

■ 101은 십의 단위가 0일 경우 linh 링 또는 lẻ 래를 넣는다.

십의 단위가 0일 경우
101
linh

❶ 앞
trước
쯔억

❷ 뒤
sau
사우

❸ 옆
bên cạnh
벤 까잉

❹ 건너편
bên kia
벤 끼아

❺ 근처
ở gần
어 건

❻ 맞은 편
đối diện
도이 지엔

❼ 위
trên 쩬

❾ 왼쪽
bên trái
벤 짜이

❿ 오른쪽
bên phải
벤 파이

⓫ 밖
ngoài
응오아이

⓬ 안
trong
쫑

❽ 아래
dưới 즈어이

07 가족이 몇 명이에요?

Gia đình em có mấy người?

자(야) 딩 앰 꼬 메이 응으어이

새로운 단어

★ gia đình 뷁자 딩 / 뇋야 딩	가족	★ đã 다	과거~했다
★ mấy 메이	몇	★ nghỉ hưu 응이 흐우	퇴직하다
★ người 응으어이	~명	★ sáu 사우	여섯, 6
★ có 꼬	있다	★ hai 하이	둘, 2
★ ba 바	셋, 3	★ một 못	하나, 1
★ những ai 녀응 아이	누구누구	★ em trai 앰 짜이	남동생
★ bố mẹ 뷁보 매 / ba má 뇋바 마	부모님	★ nhiều 녜우	많다
★ bố 뷁보 ba 뇋바 / mẹ 뷁매 má 뇋마	아버지 / 어머니	★ thế 테	그렇게
★ và 바	~하고	★ à? 아	~어/아/여요?, ~니? (친근감이 있는 표현)

★ 100

지성 씨, 가족이 몇 명이에요?

 Anh Ji-sung, gia đình anh có mấy người?

아잉(안) 지성. 🔵 자 🔴 야 딩 아잉(안) 꼬 메이 응으어이

세 명이에요.

 Có ba người.

꼬 바 응으어이

누구누구세요?

 Đó là những ai?

도 라 녀응 아이

아버지, 어머니 하고 저예요.

 Bố, mẹ và tôi.

보, 매 바 또이

부모님은 무엇을 하세요?

 Bố mẹ anh làm gì?

보 매 아잉(안) 람 지

우리 부모님은 퇴직하셨어요.

 Bố mẹ tôi đã nghỉ hưu.

보 매 또이 다 응이 흐우

그럼 당신의 가족은요?

Còn gia đình em?

꼰 🔵 자 🔴 야 딩 앰

6 명이에요. 아버지, 어머니, 오빠 둘, 남동생 하나 그리고 저예요.

 Có sáu người : bố, mẹ, hai anh, một em trai và tôi.

꼬 사우 응으어이 : 보, 매, 하이 아잉(안), 못 앰 짜이 바 또이

그렇게 많아요?

 Nhiều thế à?

네우 테 아

101 ★

어서 오세요.

Mời **cô** vào. 머이 꼬 바오

❶ 형/오빠   ❷ 누나/언니   ❸ 모두들, 여러분
anh   chị   mọi người
아잉(안)   찌   모이 응으어이

Mời anh vào 머이 아잉(안) 바오
어서 오세요

★이 표현은 주로 **손님을 맞이하는 인사말**로, 우리말 **어서 오세요**에 해당한다.
상대방에 따라 2인칭 대명사를 달리해서 사용하면 된다.

 p.45 2인칭 대명사 참고

mời ✛ 2인칭대명사 ✛ vào
머이   바오

Mời chị vào. 여성에게   어서 오세요.
머이 찌 바오

Mời ông vào. 신사나 할아버지에게 어서 오십시오.
머이 옹 바오

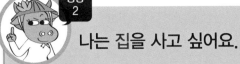

응용
2

나는 집을 사고 싶어요.

Tôi muốn mua nhà.

또이 무온 무아 냐

❶ 차
xe
쌔

❷ 컴퓨터
máy vi tính
매이 비 띵

❸ 휴대폰
điện thoại di động
디엔 토아이 지 동

muốn 무온
원하다, ~하고 싶다

★ 동사 muốn은 원하다, ~하고 싶다의 뜻으로 동사 앞에 온다.

muốn ✚ 동사 ~하고 싶다
무온

🗨 Chị muốn mua gì?   무엇을 사고 싶으세요?
찌 무온 무아 지

⋯▸ Tôi muốn mua táo.   사과를 사고 싶어요.
또이 무온 무아 따오

응용 3

당신 회사는 직원이 몇 명이에요?

Công ty anh có bao nhiêu nhân viên?
꽁 띠 아잉(안) 꼬 바오 녜우 년 비엔

Track 18

❶ 근로자

công nhân
꽁 년

❷ 기술자

chuyên gia kĩ thuật
쭈웬 자(야) 끼 투엇

❸ 남자직원

nhân viên nam
년 비엔 남

---

bao nhiêu / mấy 바오 녜우/메이

몇, 얼마

★ bao nhiêu는 일반적으로 모르는 수량을 물어볼 때 사용하는 의문사이다. 명사 앞에서 사용하면 몇, 독립적으로 사용하면 얼마의 의미이다.

mấy는 많지 않은 수량을 물어볼 때 사용하는 의문사이다.

용법 많지 않은 수량을 물을 때

mấy ✚ 명사 ❶ 몇
메이

모르는 수량을 물을 때

bao nhiêu ✚ 명사 ❶ 몇
바오 녜우

bao nhiêu ❷ 얼마
바오 녜우

예 Em bao nhiêu tuổi?
앰 바오 녜우 뚜오이

몇 살이에요?

* tuổi 뚜오이 ~살, 세

Chuối này bao nhiêu một kí?
쭈오이 내이 바오 녜우 못 끼

이 바나나는 1킬로에 얼마예요?

* chuối 쭈오이 바나나

mấy와 bao nhiêu의 차이

1 mấy 메이 는 많지 않은 수량을 물어볼 때 사용하는 반면, bao nhiêu 바오 녜우 는 수량을 모를 때 사용한다.

예 Chị có mấy chiếc xe?   차가 몇 대 있어요?
찌 꼬 메이 찌엑 쌔

* chiếc 찌엑 차를 세는 **분류사(대)**

* xe 쌔 차

Công ty anh có bao nhiêu nhân viên?
꽁 띠 아잉(안) 꼬 바오 녜우 년 비엔

당신 회사는 직원이 몇 명이에요?

2 mấy는 항상 명사 앞에 오는 반면에 bao nhiêu는 명사 앞에 사용해도 되고 독립적으로 사용해도 된다.

3 mấy의 뜻은 몇에만 해당하지만 bao nhiêu의 뜻은 몇 또는 얼마에 해당한다.

오직 한 사람만 있다.

Chỉ có một người.
찌 꼬 못 응으어이

❶ 여직원
nhân viên nữ
년 비엔 느

❷ 회사
công ty
꽁 띠

❸ 오토바이
xe máy
쌔 마이

chỉ...(thôi) 찌...(토이)
~만, 오직, 오로지

★chỉ는 우리말 오직, 오로지 또는 ~만에 해당한다.

예 Chỉ có hai người.   오직 2명만 있다.
찌 꼬 하이 응으어이

chỉ... thôi 형태로 chỉ가 문장 앞에 오고 thôi는 문장 끝에 와서 호응하는 경우도 있다.

예 Chỉ mười ngàn đồng thôi.   오직 10,000동 뿐이에요.
찌 므어이 응안 동 토이

하롱베이 경치가 너무 아름답다!
Cảnh vịnh Hạ Long đẹp quá!
까잉(깐) 빙 하 롱 댑 꽈

Track
18

❶ 사파
Sapa
사파

❷ 나짱 바다
biển Nha Trang
비엔 냐 짱

❸ 퐁냐 동굴
động Phong Nha
동 퐁 냐

quá 꽈
너무

★ quá는 일반적인 것보다 훨씬 더 높거나 많은 정도를 가리키는 부사인데 흔히
감탄문에서 사용된다. 우리말 **너무**에 해당한다.

Cảnh vịnh Hạ Long đẹp quá!   하롱베이 경치가 너무 아름답다!
까잉(깐) 빙 하 롱 댑 꽈

포인트

rất과 quá의 차이

rất 룹젓 ㄹ럿은 일반적으로 보통 서술문에서 사용되는 반면, quá 꽈는 흔히 감탄문에서 사용된다.

감탄문   Món ăn này mặn quá!   이 음식은 너무 짜구나!
몬 안 내이 만 꽈
* món ăn 몬안 음식

서술문   Món ăn này rất mặn.   이 음식은 아주 짜다.
몬 안 내이 룹젓 ㄹ럿 만
* mặn 만 짜다

응용 6

그는 오지 않는데요.

Anh ấy không đến đâu.

아잉(안) 에이 콩 덴 더우

Track 18

❶ 하다
làm
람

❷ 팔다
bán
반

❸ 가다
đi
디

---

không... đâu 콩...더우

~하지 않는데요

★không... đâu는 우리말 ~하지 않는데요에 해당하는 부정표현이다.
주로 상대방의 의견에 반박하거나 설득할 때 사용된다. 형용사나 동사를
không... đâu 사이에 끼워 넣고 사용한다.

không ➕ 형용사
동사 ➕ **đâu**
콩   더우

🔹 Giá này không đắt đâu.   이 값은 비싸지 않은데요.
🔵 자 내이 콩 닷 더우   * đắt 닷 비싸다
🔵 야

Cô ấy không đến đâu.   그녀는 오지 않는데요.
꼬 에이 콩 덴 더우

할아버지
ông nội
옹 노이

할머니
bà nội
바 노이

외할아버지
ông ngoại
옹 응오아이

외할머니
bà ngoại
바 응오아이

큰아버지 백부
bác trai
박 짜이

큰어머니 백모
bác gái
박 가이

숙부
chú
쭈

숙모
thím
팀

부모
bố mẹ 북보 매
ba má 남바 마

아버지

bố
북보
ba/cha
남바/ 짜

어머니

mẹ
북매
má
남마

자식
con cái
꼰 까이

언니, 누나
chị
찌

형, 오빠
anh
아잉(안)

손자/남자조카
cháu trai
짜우 짜이

나
tôi
또이

남동생
em trai
앰 짜이

여동생
em gái
앰 가이

손녀/여자조카
cháu gái
짜우 가이

08

이것은 얼마입니까?

Cái này bao nhiêu tiền?

까이 내이 바오 녜우 띠엔

★ muốn 무온	원하다, ~하고 싶다		★ quá 꽈	너무
★ mua 무아	사다		★ bớt 벗	깎다
★ cam 깜	오렌지		★ đi 디	~하세요, ~어라/아라/여라
★ ngon 응온	맛있다			
★ bao nhiêu 바오 녜우	몇, 얼마		★ bán 반	팔다
★ kĩ 끼	킬로그램(kg)		★ giá nhất định 북 자 녓 딩 남 야	정가
★ chỉ 찌	~만, 오직, 오로지		★ bán 반	팔다
★ ba mươi ngàn 바 므어이 응안	30,000		★ nhiều 녜우	많이
★ đồng 동	동 베트남 통화		★ mười 므어이	10
★ đắt 닷	비싸다			

안녕하세요? 어서 오세요. 뭘 사고 싶으세요?

Chào anh. Mời anh vào. Anh muốn mua gì ạ?

짜오 아잉(안). 머이 아잉(안) 바오. 아잉(안) 무온 무아 지 아

오렌지를 사고 싶어요.

Tôi muốn mua cam.

또이 무온 무아 깜

이 오렌지가 맛있어요.

Cam này ngon lắm.

깜 내이 응온 람

1킬로에 얼마예요?

Bao nhiêu một kí?

바오 네우 못 끼

단 30,000동이에요.

Chỉ ba mươi ngàn đồng thôi.

찌 바 므어이 응안 동 토이

너무 비싸요. 깎아 주세요.

Đắt quá. Bớt đi.

닷 꽈. 벗 디

안 비싼데요, 여기는 정가에 팔아요.

Không đắt đâu, em bán giá nhất định ạ.

콩 닷 더우, 앰 반 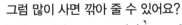자 야 녓 딩 아

그럼 많이 사면 깎아 줄 수 있어요?

Vậy tôi mua nhiều có bớt không?

베이 또이 무아 네우 꼬 벗 콩

몇 킬로 사세요?

Anh mua mấy kí?

아잉(안) 무아 메이 끼

10킬로요.

Mười kí.

므어이 끼

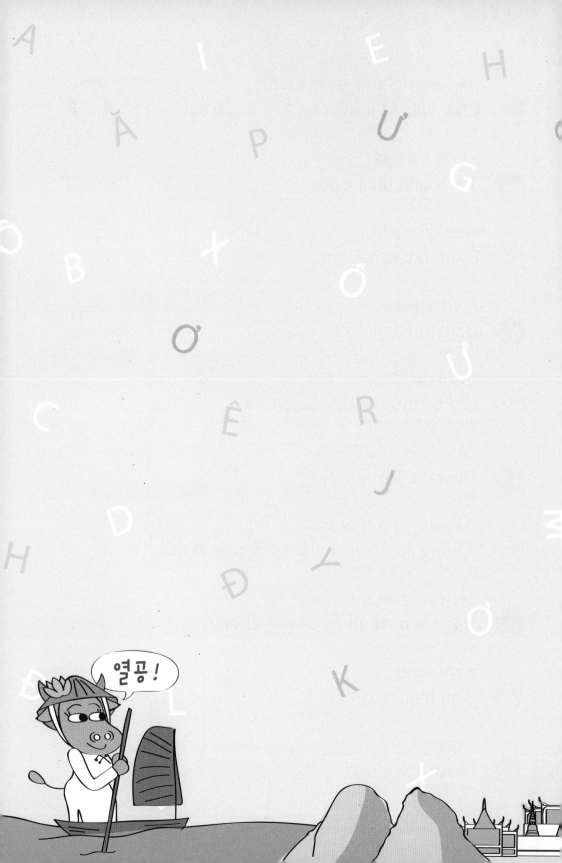

Bài 09~16

지금 몇 시예요?
Bây giờ là mấy giờ? 베이 저 라 메이 저

Track
19

5시 10분이예요.
⋯⟩ Năm giờ mười phút.
남 🔵저 므어이 풋
🔵여

①3시

ba giờ
바 🔵저
🔵여

②6시 5분

sáu giờ năm phút
사우 🔵저 남풋
🔵여

③11시 반

mười một giờ rưỡi
므어이 못 🔵저 즈어이
🔵여 르어이

Bây giờ là mấy giờ rồi?
지금 몇 시나 되었나요?

★ 보통 시간은 Bây giờ là mấy giờ? 베이 저 라 메이 저 지금 몇 시예요? 라는 질문
을 사용하지만, 좀 더 구체적으로 묻고 싶으면 Bây giờ là mấy giờ **rồi**? 지
금 몇 시나 되었나요? 라는 문장을 사용하면 좋다.

Chín giờ hai mươi phút mười giây.
9시 20분 10초예요

★ 시간에 대해 말하는 순서는 우리말과 같다.
즉, 시 giờ 🔵저 → 분 phút 풋 → 초 giây 제이 순서이다.
🔵여

giờ 시 ✛ phút 분 ✛ giây 초

🗣 Bây giờ là chín giờ hai mươi phút.   지금은 9시 20분입니다.
베이 🔵저 라 찐 저 하이 므어이 풋
   🔴여

Một giờ năm phút mười giây.   1시 5분 10초
못 🔵저 남 풋 므어이 제이
  🔴여

rưỡi 🔵즈어이 🔴르어이
반(30분)

★rưỡi라는 말은 우리말 반, 30분에 해당한다.

🗣 Mười hai giờ rưỡi.   12시 반(30분)입니다.
므어이 하이 🔵저 즈어이
   🔴여 르어이

응용 2

1시 5분전이에요.

Một giờ kém năm phút.

못 북 저 깸 남 풋
남 여

Track 19

❶ 4시

bốn giờ
본 북 저
남 여

❷ 8시

tám giờ
땀 북 저
남 여

❸ 12시

mười hai giờ
므어이 하이 북 저
남 여

---

giờ 시 ✚ **kém** ~이 부족한 ✚ **phút** 분

몇 시 몇 분 전

★몇 시 몇 분 전은 **giờ** 시 + **kém** ~이 부족한 + **phút** 분 이라는 표현을 사용
한다. kém껨 은 ~이 모자란, 부족한 이라는 뜻으로 몇 시가 되기 위해서는 몇
분이 모자란다는 의미이다.

예 Bây giờ là ba giờ kém mười lăm (phút). 지금은 3시 15분 전입니다
버이 북 저 라 바 북 저 깸 므어이 람(풋)
남 여   남 여

Bốn giờ kém mười (phút).   4시 10분 전입니다.
본 북 저 깸 므어이(풋)
남 여

sáng 상 ⟷ chiều 찌에우
오전   오후

★ 오전 sáng, 오후 chiều 등을 써서 때를 구분한다.

Bảy giờ sáng.   오전 7시입니다.
배이 ⓡ 저 상
ⓝ여

Mười hai giờ trưa.   낮 12시입니다.
므어이 하이 ⓡ 저 쯔아
ⓝ여

Năm giờ chiều.   오후 5시입니다.
남 ⓡ 저 찌에우
ⓝ여

Chín giờ tối.   저녁 9시입니다.
찐 ⓡ 저 또이
ⓝ여

벌써 졸리네...

응용
3

나는 관광하러 베트남에 왔다.

Tôi đến Việt Nam để du lịch.

또이 덴 비엣 남 데 🐷주 릭
🐮유

❶ 베트남어를 배우다
học tiếng Việt
혹 띠엥 비엣

❷ 투자하다
đầu tư
더우 뜨

❸ 시장 조사하다
điều tra thị trường
디에우 짜 티 쯔엉

để 데

~하러, ~하기 위해

★để는 우리말 ~하러 또는 ~하기 위해(서)에 해당한다.

📢 Tôi đến Việt Nam để đầu tư. 나는 투자하러 베트남에 왔다.
또이 덴 비엣 남 데 더우 뜨

* **đầu tư** 더우 뜨 투자하다

Ăn để sống hay sống để ăn? 살기 위해 먹을까, 아니면 먹기 위해 살까?
안 데 송 해이 송 데 안

* **A hay B** ~해이~ A (또는), 아니면 B
* **ăn** 안 먹다
* **sống** 송 살다

오전 9시부터 오후 6시까지 일한다.
Làm việc từ chín giờ sáng đến sáu giờ chiều.

람 비엑 뜨 찐 🔵저 🔴여 상 덴 사우 🔵저 🔴여 찌에우

Track 19

❶ 8시 / 5시

tám giờ / năm giờ
땀 🔵저   남 🔵저
🔴여   🔴여

❷ 9시 반 / 6시 반

chín giờ rưỡi / sáu giờ rưỡi
찐 🔵저 즈어이   사우 🔵저 즈어이
🔴여 르어이   🔴여 르어이

---

từ ~ đến ~
~부터 ~까지

★ 시간의 시작과 끝은 từ~ đến~으로 나타내며, 우리말 ~부터 ~까지에 해당
한다. đến~ 대신 tới~ 때이를 사용해도 된다.

từ~ đến(tới)~   ~부터 ~까지

Làm việc từ tám giờ sáng đến năm giờ chiều.
비엑 뜨 땀 🔵저 상 덴 남 🔵저 찌에우
🔴여   🔴여

오전 8시부터 오후 5시까지 일한다.

Giờ ăn trưa từ mười hai giờ tới một giờ.
🔵저 안 쯔아 뜨 므어이 하이 🔵저 떠이 못 🔵저
🔴여   🔴여   🔴여

점심 식사 시간은 12시부터 1시까지입니다.

* giờ ăn 저(여) 안 식사 시간

지금 몇 시예요?

Bây giờ là mấy giờ?

베이 저 라 메이 🅑저 🅖여

안녕하세요? 어디 가세요?

 Chào anh, anh đi đâu đấy?

짜오 아잉(안), 아잉(안) 디 더우 데이

노이 바이 공항에 갈 준비해요.

 Tôi chuẩn bị đi sân bay Nội Bài.

또이 쭈언 비 디 선 배이 노이 바이

왜(뭘 하러) 공항에 가세요?

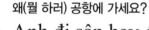 Anh đi sân bay để làm gì?

아잉(안) 디 선 배이 데 람 지

한국에서 오시는 사장님을 마중하기 위해서요.

 Để đón giám đốc từ Hàn Quốc sang.

데 돈 🅑잠 🅗얌 독 뜨 한 꾸옥 상

지금 몇 시나 되었나요?

Bây giờ là mấy giờ rồi?

베이 🅑저 🅗여 라 메이 🅑저 🅗여 🅑조이 🅗로이

9시 20분이예요.

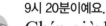 Chín giờ hai mươi phút ạ.

찐 저 하이 므어이 풋 아

어디 갔다 오셨어요?

 Em đi đâu về thế?

앰 디 더우 베 테

토플 공부하러 갔다 왔어요.

 Em đi học TOEFL về.

앰 디 혹 또폴 베

몇 시부터 몇 시까지 공부하세요?

Em học từ mấy giờ đến mấy giờ?

앰 혹 뜨 메이 (특)저(넘)여 덴 메이 (특)저(넘)여

7시부터 9시까지요.

Từ bảy giờ đến chín giờ ạ.

뜨 배이 (특)저(넘)여 덴 찐 (특)저(넘)여 아

어디에서 공부하세요?

Em học ở đâu?

앰 혹 어 더우

선니외국어학원에서 공부해요.

Em học ở Trường Ngoại ngữ Sunny.

앰 혹 어 쯔엉 응오아이 응으 선니

새로운 단어

★ đi 디	가다		★ chín 찐	9
★ đấy 데이	~하세요?		★ giờ (특)저(넘)여	시 時
★ chuẩn bị 쭈언 비	준비하다		★ hai mươi 하이 므어이	20
★ sân bay 선 배이	공항		★ phút 풋	분 分
sân bay Nội Bài 선 배이 노이 바이	노이 바이 공항 하노이 국제공항		★ về 베	갔다 오다, 돌아오다
★ để 데	~하러, ~하기 위해서		★ học 혹	공부하다, 배우다
★ đón 돈	마중하다		★ TOEFL 또폴	TOEFL, 토플
★ từ 뜨	~에서		★ từ~ đến~ 뜨~ 덴~	~부터 ~까지
★ sang 상	오다		★ bảy 배이	7
★ bây giờ 배이(특)저(넘)여	지금		★ trường 쯔엉	학교, 학원
★ mấy giờ 메이(특)저(넘)여	몇 시		★ ngoại ngữ 응오아이 응으	외국어
★ rồi? (특)조이(넘)로이	~했다 완료형			

저는 컴퓨터가 없어요.

Tôi không có máy vi tính.
또이 콩 꼬 매이 비 띵

❶ 휴대폰

điện thoại di động
디엔 토아이 지(이) 동

❷ 차

xe
쌔

❸ 개인주택

nhà riêng
냐 (북)지엥
(남)리엥

---

không có~
~이 없다

★không có~의 뜻은 우리말 ~이 없다와 같다.
không có~의 반대말은 có~ ~이 있다이다.

---

không có~   ~이 없다
콩   꼬

예 Giám đốc không có ở đây.   사장님은 여기에 안 계십니다.
(북)잠 독 콩 꼬 어 더이
(남)얌

Tôi không có xe ôtô.   나는 자동차가 없어요.
또이 콩 꼬 쌔 오또

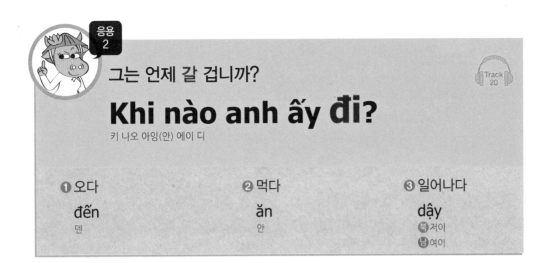

그는 언제 갈 겁니까?

Khi nào anh ấy đi?

키 나오 아잉(안) 에이 디

Track
20

❶ 오다
đến
덴

❷ 먹다
ăn
안

❸ 일어나다
dậy
🔵 저이
🔴 여이

khi nào
언제

의문사 khi nào는 우리말 **언제**에 해당하는데 bao giờ 바오 🔵 저 🔴 여와 같은 뜻
이다. 단, bao giờ는 문장 앞에 오면 미래, 문장 끝에 오면 과거에 대한 질문
을 나타낸다.

khi nào ≡ bao giờ 언제
키   나오   바오   저(여)

🔹 Anh ấy về Hàn Quốc khi nào? 과거   그는 언제 한국에 돌아왔습니까?
아잉(안) 에이 베 한 꾸옥 키 나오

Bao giờ anh đi Hà Nội? 미래   언제 하노이에 가실 거예요?
바오 🔵 저 아잉(안) 디 하 노이
🔴 여

제 전화 번호는 090.812.0422예요.

Số điện thoại của tôi là

소 디엔 토아이 꾸아 또이 라

090.812.0422.

콩 찐 콩 . 땀 못 하이 . 콩 본 하이 하이

❶ 098.367.8359
꽁 찐 땀 . 바 사우 배이 . 땀 바 남 찐
(Viettle)

❷ 090.841.4676
콩 찐 콩 . 땀 본 못 . 본 사우 배이 사우
(MobiFone)

❸ 091.953.6572
콩 찐 못 . 찐 남 바 . 사우 남 배이 하이
(Vinaphone)

Số điện thoại 소 디엔 토아이
전화번호

★ 베트남에서는 전화번호를 말할 때 숫자를 하나씩 읽는다.
국가번호는 84이며, 국제 전화 통화시 지역번호 앞에 있는 0을 뺀다.

주요지역번호 : 하노이 04, 호찌민시 08

예 Số điện thoại của cô Thúy là
093.383.0363.

소 디엔 토아이 꾸아 꼬 튀 라 콩 찐 바. 바 땀 바. 콩 바 사우 바
튀 선생님의 전화 번호는 093.383.0363예요.

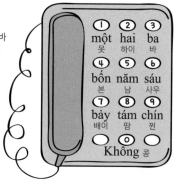

① một 못	② hai 하이	③ ba 바
④ bốn 본	⑤ năm 남	⑥ sáu 사우
⑦ bảy 배이	⑧ tám 땀	⑨ chín 찐

Không 콩

그는 사장이지요?

Anh ấy là giám đốc, phải không?

아잉 에이 라 🔴잠 독 , 파이 콩
🔵얌

예, 그는 사장이에요.

◦◦◦▷ Vâng, anh ấy là giám đốc.

벙, 아잉(안) 에이 라 🔴잠 독
🔵얌

❶ 기사

kĩ sư
끼 스

❷ 기술자

chuyên gia kĩ thuật
쭈웬 자 끼 투엇

❸ 교수

giáo sư
🔴자오 스
🔵야오

vâng

예

★ **vâng** 벙은 우리말 예에 해당한다. **vâng**의 비슷한 말은 **dạ**이다. 남부에서는
dạ 야를 흔히 사용한다. **vâng**의 반대말은 **không** 콩이다.

Ông ấy là giám đốc phải không?
옹 에이 라 잠 독 파이 콩

그 분이 사장님이신가요?

◦◦◦▷ Vâng, ông ấy là giám đốc.
벙, 옹 에이 라 잠(얌) 독

예. 그 분은 사장님입니다.

Chị là người Việt Nam à?
찌 라 응으어이 비엣 남 아

당신은 베트남 사람이에요?

◦◦◦▷ Dạ, tôi là người Việt Nam.
야, 또이 라 응으어이 비엣 남

예. 저는 베트남 사람이에요.

여보세요.

전화 **10**

Alô.
알로

 여보세요.

Alô.
알로

안녕하세요? 뚜 씨 좀 부탁합니다.

Chào cô, xin vui lòng cho tôi gặp anh Tú.
짜오 꼬, 씬 부이 롱 쪼 또이 갑 아잉(안) 뚜

뚜 오빠는 지금 집에 없는데요.

Bây giờ anh Tú không có ở nhà ạ.
베이 ⓑ 저 ⓑ 어 아잉(안) 뚜 콩 꼬 어 냐 아

언제 돌아올까요?

Khi nào anh ấy về?
키 나오 아잉(안) 에이 베

정확하게 모르겠는데요. 실례지만 누구세요?

Em không biết chính xác. Xin lỗi, anh là ai thế?
앰 콩 비엣 찡 싹   씬 로이, 아잉(안) 라 아이 테

저는 홍명보라고 해요.

Tôi là Hong Myeong-bo.
또이 라 홍 명 보

뚜 오빠한테 전화하라고 할게요.

Tôi sẽ bảo anh Tú gọi điện cho anh.
또이 새 바오 아잉 뚜 고이 디엔 쪼 아잉(안)

전화번호가 몇 번이에요?

Số điện thoại của anh là bao nhiêu?
소 디엔 토아이 꾸아 아잉(안) 라 바오 녜우

제 전화 번호는 090.812.2042예요.

Số điện thoại của tôi là 090.812.2042.

소 디엔 토아이 꾸아 또이 라 콩 찐 콩.땀 못 하이. 하이 콩 본 하이

뚜 씨한테 전해 주세요.

Xin cô nhắn lại cho anh Tú.

씬 꼬 냔 라이 쪼 아잉(안) 뚜

예, 전해 드릴게요.

Vâng, tôi sẽ nhắn lại.

벙, 또이 새 냔 라이

감사합니다.

Xin cám ơn.

씬 깜 언

새로운 단어

★ **alô** 알로	여보세요	★ **không biết** 콩 비엣	모르다
★ **vui lòng** 부이 롱	기꺼이, 즐거운	★ **chính xác** 찡 싹	정확하다
★ **cho** 쪼	주다	★ **ai** 아이	누구
★ **gặp** 갑	만나다, ~와 통화하다	★ **sẽ** 새	~할 것이다
★ **bây giờ** 베이 저 여	지금	★ **bảo** 바오	~하라고 하다
★ **không có** 콩 꼬	~이 없다	★ **gọi điện** 고이 디엔	전화하다
★ **nhà** 냐	집	★ **điện thoại** 디엔 토아이	전화
★ **khi nào** 키 나오	언제	★ **số** 소	~번, 번호
★ **về** 베	돌아오다	★ **nhắn lại** 냔 라이	전하다

왜 출근 안 하세요?

Tại sao anh không đi làm?

따이 사오 아잉(안) 콩 디 람

Track
21

피곤해서요.

⋯⟩ Vì tôi mệt.

비 또이 멧

❶ 먹다   ❷ 가다   ❸ 하다

ăn   đi   làm

안   디   람

Không 콩

~하지 않다

★ không은 동사나 형용사 앞에 사용하고 부정의 뜻을 나타낸다.
우리말 ~하지 않다 에 해당한다.

Cái đó không tốt.   그것은 좋지 않아요.

까이 도 콩 뚯

Hôm nay em không đi làm à?   오늘 일하러 안 가세요?

홈 내이 앰 콩 디 람 아

Tại sao? / Vì
왜? / ~하기 때문에

★Tại sao는 왜, vì는 ~하기 때문에 / ~해서 / ~하니까에 해당하며, 서로 대응하는 표현이다. 영어의 why/because에 해당한다.

예 Tại sao anh không đi làm?
따이 사오 아잉(안) 콩 디 람

왜 출근 안 하세요?

‥‥▸ Vì tôi bị bệnh.
비 또이 비 벵

아파서요.

* 🔵bệnh 벵 병
🔴bịnh 빙

Tại sao chị không mua?
따이 사오 찌 콩 무아

왜 안 사세요?

‥‥▸ Vì tôi thiếu tiền.
비 또이 티에우 띠엔

돈이 모자라서요.

* thiếu 티에우 부족하다, 모자라다

응용 2

(우리) 영화 보러 가자.

Chúng ta đi xem phim nhé.
쭝 따 디 쌤 핌 내

Track 21

❶ 여행하다
du lịch
북 주 릭
남 유

❷ 쇼핑하다
mua sắm
무아 삼

❸ 산책하다
tản bộ
딴 보

---

chúng ta 쭝 따
우리

★1인칭 복수 대명사 chúng ta는 우리말 **우리**를 뜻한다.

예) Chúng ta đi ăn tối nhé.　　우리 저녁 먹으러 가자.
쭝 따 디 안 또이 내

* nhé 내 ~하자(청유문), ~해(명령문)에 해당한다. ➡ p.132 참고

---

cùng
같이

★부사 cùng은 우리말 **같이** 또는 **함께**에 해당한다.

cùng　　같이, 함께

예 Chúng tôi **cùng** đi đến đó. 　우리는 거기에 같이 갔어요.
　쭝 또이 꿍 디 덴 도

　Tôi làm việc **cùng** với anh ấy. 　저는 그와 함께 일해요.
　또이 람 비엑 꿍 버이 아잉(안) 에이

* với 버이 함께

포인트

chúng ta와 chúng tôi의 차이

chúng ta는 말하는 사람과 듣는 사람을 다 포함하는데, chúng tôi는 말하는 사람
쪽만 가리킨다.

예 Chúng ta đi xem phim nhé. 　(우리) 영화 보러 가자.
　쭝 따 디 쌤 핌내

* xem phim 쌤 핌 영화보다

　Chúng tôi không làm. 　우리는 안 해요.
　쭝 또이 콩 람

chúng ta 청자 + 화자 둘 다 포함함

우리 영화보러 가자. 그래~

chúng tôi 화자만 가리킴

우린 영화보러 갈거야~ 그래~ 재있게 봐~

다음에 보자.

Hẹn gặp sau nhé.
핸 갑 사우 내

❶ 내일

ngày mai
응애이 마이

❷ 다음 주

tuần sau
뚜언 사우

❸ 일요일

chủ nhật
쭈 녓

---

nhé 내
~하자, ~해

★ 친근감이 있는 **nhé**는 문장 끝에 오며, 상황에 따라 청유문, 명령문에 사용할 수 있다.

청유문

Chúng ta cùng làm việc này nhé.
쭝 따 꿍 람 비엑 내이 내

(우리) 이 일을 같이 하자.

Hẹn gặp sau nhé.
핸 갑 사우 내

다음에 보자.

명령문

Anh đi mạnh giỏi nhé.
아잉(안) 디 마잉(만) 🔵 조이 내
🔴 요이

형, 잘 가.

Đến sớm nhé.
덴 섬 내

일찍 와.

응용
4

마셔라.

Uống đi.
우옹 디

Track
21

❶ 보다

xem
쌤

❷ 읽다

đọc
독

❸ 말하다

nói
노이

đi 디

~해라, ~하자

★đi는 명령문, 청유문 끝에 사용되는 표현으로 우리말 ~하세요, ~해라 또는
~합시다, ~하자에 해당한다.

동사 ➕ **đi**   ~해라 , ~하자

명령문

Anh đi trước đi.
아잉(안) 디 쯔억 디

먼저 가세요.

* trước 쯔억 먼저, 앞

Dậy đi.
묵제이 디
남예이

일어 나.

청유문

Chúng ta đi chơi đi.
쭝 따 디 쩌이 디

(우리) 놀러 가자.

Chúng ta thảo luận đi.
쭝 따 타오 루언 디

의논해 봅시다.

133 ★

오늘은 며칠이에요?

Hôm nay là ngày mấy?

홈 내이 라 응애이 메이

용준 씨, 안녕하세요?

Chào anh Yong-joon.

짜아 아잉(안) 용준

투항 씨, 안녕하세요? 오늘 출근 안 하세요?

Chào Thu Hằng, hôm nay em không đi làm à?

짜오 투 항, 홈 내이 앰 콩 디 람 아

휴일인데요.

Ngày nghỉ mà.

응애이 응이 마

오늘은 며칠이지요?

Hôm nay là ngày mấy?

홈 내이 라 응애이 메이

9월 2일이에요.

Ngày hai(2) tháng chín(9).

응애이 하이 탕 찐

왜 9월 2일에 쉬나요?

Tại sao được nghỉ vào ngày hai tháng chín?

따이 사오 드억 응이 바오 응애이 하이 탕 찐

베트남의 국경일이기 때문이에요.

Vì là ngày Lễ Quốc khánh của Việt Nam.

비 라 응애이 레 꾸옥 카잉(칸) 꾸아 비엣 남

호찌민 기념관

호찌민 기념관

베트남의 독립기념일은 9월 2일이예요.
위의 사진은 독립의 아버지라 불리는
호찌민 기념관이랍니다.

새로운 단어

- ★ **hôm nay** 홈 내이   오늘

- ★ **không** 콩   ~하지 않다

- ★ **đi làm** 디 람   일하러 가다, 출근하다

- ★ **à?** 아   의문형 어미 (친근함)

- ★ **ngày nghỉ** 응애이 응이   휴일

- ★ **ngày mấy** 응애이 메이   며칠

- ★ **ngày** 응애이   일 日

- ★ **tháng** 탕   월 月

- ★ **tại sao** 따이 사오   왜

- ★ **vì** 비   ~하기 때문에, ~하니까

- ★ **Lễ Quốc khánh** 국경일
  레 꾸옥 ⬛카잉
  🟥칸

그렇구나. 오늘 저녁에 시간이 있어요?

Thì ra là thế. Tối nay em có thời gian không?

티 **르**자 **르**라 라 테. 또이 내이 앰 꼬 터이 **르**잔 **르**엉 콩

우리 저녁 같이 먹으러 가요!

Chúng ta cùng đi ăn tối nhé.

쭝 따 꿍 디 안 또이 내

안타깝게도 약속이 있어요. 친구와 같이 가세요.

Tiếc quá, em có hẹn rồi. Anh đi với bạn anh đi.

띠엑 꽈, 앰 꼬 핸 **르**조이 **르**로이 아잉(안) 디 버이 반 아잉(안) 디

그럼, 다음 번에 하지요.

Hẹn em lần sau nhé.

핸 앰 런 사우 내

베트남 남부 수상시장

베트남 북부 수상시장

새로운 단어

★ **thì ra là thế** 그렇구나!
티 롸 자 ㅂ라 라 테

★ **tối nay** 또이 내이 오늘 저녁

★ **thời gian** 시간
티이 롹잔 ㅁ양

★ **chúng ta** 쭝 따 우리

★ **cùng** 꿍 같이, 함께

★ **ăn tối** 안 또이 저녁 식사

★ **nhé** 내 ~하자, ~해

★ **tiếc** 띠엑 아깝다, 안타깝다

★ **quá** 꽈 너무

★ **hẹn** 핸 약속하다

★ **đi** 디 ~해라, ~하자

★ **với** 버이 ~와/과 같이

★ **bạn** 반 친구

★ **lần** 런 ~번

★ **sau** 사우 다음

내가 봤어!

Tôi đã xem rồi!

또이 다 쌤 (북) 조이
(남) 로이

❶ 마시다

uống

우옹

❷ 읽다

đọc

독

❸ 말하다

nói

노이

과거시제

★과거시제는 다음과 같이 몇가지 표현방법이 있다.

❶ 주어 ✚ đã ✚ 동사

예 Tôi đã ăn. 나는 먹었어요.

또이 다 안

❷ 주어 ✚ 동사 ✚ rồi

예 Anh ấy đi rồi. 그는 이미 갔다.

아잉(안) 에이 디 (북) 조이
(남) 로이

❸ 주어 ✚ đã ✚ 동사 ✚ rồi

예 Cô ấy đã xem rồi. 그녀는 (이미) 보았다.

꼬 에이 다 쌤 (북) 조이
(남) 로이

그들은 베트남어를 배운 적이 있다.

Họ đã từng học tiếng Việt.

호 다 뜽 혹 띠엥 비엣

Track 22

❶ 한국어

tiếng Hàn Quốc

띠엥 한 꾸옥

❷ 영어

tiếng Anh

띠엥 🔴 아잉
🔵 안

❸ 중국어

tiếng Trung Quốc

띠엥 쭝 꾸옥

từng

~한 적이 있다

★ 부사 **từng** 또는 **đã từng**은 우리말의 **과거 경험**을 나타내는 표현,

즉 ~한 적이 있다 와 비슷하다.

예 Tôi **từng** đi du lịch một mình.

또이 뜽 디 🔴 주 릭 못 밍
🔵 유

나는 혼자서 여행을 간 적이 있다.

* **một mình** 못 밍 혼자서

Họ đã **từng** học tiếng Việt.

호 다 뜽 혹 띠엥 비엣

그들은 베트남어를 배운 적이 있다.

당신 오셨어요?

Anh đã đến chưa?

아잉(안) 다 덴 쯔아

❶ 가다
đi
디

❷ 듣다
nghe
응애

❸ 먹다
ăn
안

đã... chưa? 의문문
~했어요?

chưa의 쓰임 ❶ 의문문

★ 과거의문문 đã ~ chưa?는 우리말 ~했어요?에 해당한다.
đã는 동사 앞에 사용되고, chưa는 동사 뒤에 사용된다.

주어 ✛ đã ✛ 동사 ✛ chưa?

Anh đã đến chưa?
아잉(안) 다 덴 쯔아

당신 오셨어요?

Chị đã làm chưa?
찌 다 람 쯔아

누나(언니), 하셨어요?

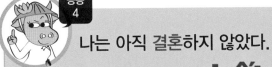

나는 아직 결혼하지 않았다.

Tôi chưa kết hôn.

또이 쯔아 껫 혼

❶ 취직하다

đi làm

디 람

❷ 졸업하다

tốt nghiệp

똣 응이엡

❸ 시험보다

thi

티

---

chưa의 쓰임 ❷ 부정문

chưa 쯔아 부정문

아직 ~안 했다

★ 부사 chưa는 우리말 아직 ~안 했다에 해당한다.

이때의 chưa는 동사 앞에 사용된다.

chưa ✚ 동사

Tôi chưa kết hôn.

또이 쯔아 껫 혼

나는 아직 결혼하지 않았다.

Anh ấy chưa đi à?

🔵 아잉 에이 쯔아 디 아

🔴 안

그는 아직 안 갔어요?

그는 방금 일을 끝냈다.

Anh ấy mới làm xong việc.

북 아잉 에이 머이 람 쏭 비엑
남 안

❶ 베트남에 가다
đi Việt Nam
디 비엣 남

❷ 출장 가다
đi công tác
디 꽁 딱

❸ 여행 가다
đi du lịch
디 **북**주 릭
남유

---

mới 머이
금방, 이제~ 막

★부사 **mới**는 우리말 **금방, 이제 ~막**과 비슷하다. **mới**는 동사 앞에 사용된다.

---

mới ➕ 동사

예 Mẹ mới đi.
매 머이 디

엄마는 금방 가셨어요.

Tôi mới làm xong việc.
또이 머이 람 쏭 비엑

나는 금방 일을 끝냈다.

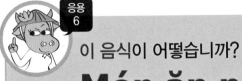

이 음식이 어떻습니까?

Món ăn này thế nào?

몬 안 내이 테 나오

Track 22

① 그 사람

người đó
응어이 도

② 저것

cái kia
까이 끼아

③ 그들

họ
호

thế nào? 테 나오

어때요?

★ 의문사 thế nào?는 우리말 어떻습니까?/어때요? 의 의미이다.

예 Món ăn này thế nào?
몬 안 내이 테 나오

이 음식이 어떻습니까?

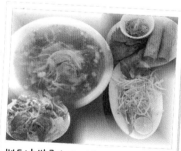

베트남 쌀국수와 짜조

Nhà đó thế nào?
냐 도 테 나오

그 집이 어때요?

하롱베이에 가 보셨어요?

Anh đã đi vịnh Hạ Long chưa?

아잉 다 디 빙 하 롱 쯔아

이번 여름에 여행 가실 계획이 있어요?

Hè này anh có kế hoạch đi du lịch không?

해 내 아잉(안) 꼬 께 화익 디 🔵주🔵유 릭 콩

있지요.

Có chứ.

꼬 쯔

어디로 가실 예정이에요?

Anh dự định đi đâu?

아잉(안) 즈 딩 디 더우

저는 메콩 델타에 가려고 해요. 띵씨는요?

Tôi định đi Đồng bằng sông Cửu Long. Còn Tịnh?

또이 딩 디 동 방 송 끄우 롱. 꼰 띵

저는 얼마전 고원에 갔다 왔어요.

Em mới đi Cao nguyên về.

앰 머이 디 까오 응웬 베

아, 하롱베이에 가 보셨어요?

À, anh đã đi vịnh Hạ Long chưa?

아, 아잉(안) 다 디 빙 하 롱 쯔아

아직 안 가 봤어요. 하롱베이 경치는 어때요?

Chưa đi. Cảnh vịnh Hạ Long thế nào?

쯔아 디. 까잉(깐) 빙 하 롱 테 나오

하롱베이

하롱베이

새로운 단어

★ **hè** 해	여름	
★ **kế hoạch** 께 화익	계획	
★ **đi du lịch** 디🅱주🅱유 릭	여행 가다	
★ **chứ** 쯔	~지요	
★ **dự định** 즈(유)딩	예정	
★ **định** 딩	~하려고 하다 예정	
★ **đồng bằng** 동 방	델타	
Đồng bằng sông Cửu Long 메콩 델타		
동 방 송 끄우 롱		

★ **mới** 머이 금방, 얼마 전

★ **Cao nguyên** 까오 응웬 고원 高原

★ **đã** 다 (이미, 벌써)했다

★ **chưa** 쯔어 아직 안 했다

★ **cảnh** 🅱까잉 🅱깐 경치

★ **vịnh** 빙 만 灣
vịnh Hạ Long 빙 하롱 하롱베이

★ **thế nào** 테 나오 어떻다

145 ★

경치가 아주 아름다워요.

Cảnh rất đẹp.

까잉 🔲젓 🔲럿 뎁

거기에는 무엇이 있나요?

Ở đó có gì?

어 도 꼬 지

독특한 섬이 아주 많아요.

Có rất nhiều hòn đảo độc đáo.

꼬 🔲젓 🔲럿 네우 혼 다오 독 다오

재미있겠네요. 저도 나중에 꼭 갈 거예요.

Hay quá. Sau này tôi nhất định sẽ đi.

해이 꽈. 사우 내이 또이 녓 딩 새 디

🔲 새로운 **단어**

★ **đẹp** 뎁	아름답다, 예쁘다	★ **độc đáo** 독 다오	독특하다
★ **ở đó** 어 도	거기	★ **hay** 해이	재미있다
★ **hòn** 혼	섬을 세는 **분류사**	★ **sau này** 사우 내이	나중에
★ **đảo** 다오	섬	★ **nhất định** 녓 딩	꼭, 반드시

관광 안내소

nơi hướng dẫn tham quan

너이 흐엉 북전 탐 꾸안
남연

관광 가이드

hướng dẫn viên du lịch

흐엉 북전 비엔 북주 릭
남연　　남유

관광객

khách tham quan

카익 탐 꾸안

관광호텔

khách sạn du lịch

카익 산 북주 릭
남유

관광버스

xe tham quan

쌔 탐 꾸안

관광 열차

xe lửa tham quan

쌔 르아 탐 꾸안

관광 명소

điểm tham quan nổi tiếng

디엠 탐 꾸안 노이 띠엥

관광 코스

lộ trình tham quan

로 찡 탐 꾸안

관광지

điểm tham quan

디엠 탐 꾸안

당신의 취미는 무엇입니까?

Sở thích của anh là gì? 서 틱 꾸아 아잉(안) 라 지

나의 취미는 영화 보기입니다.

⋯▸ Sở thích của tôi là xem phim.
서 티익 꾸아 또이 라 쌤 핌

❶ 축구 보기

xem 🔵bóng đá 봉 다
쌤 🔴đá banh 다 반

❷ 독서

đọc sách
독 사익

❸ 여행 가기

đi du lịch
디 🔵주 릭
🔴유

Sở thích của em là gì?
취미가 뭐예요?

★ 보통 누구의 취미를 물어보고 싶을 때 Sở thích của ~ là gì? 라는 질문을 사용한다. 상대방에 따라 2인칭 대명사를 알맞게 사용해야 한다. 좀 더 예의 바르게 말하고 싶으면 xin hỏi 씬 호이 (실례지만)를 문장 앞에 붙여서 쓴다.

sở thích 취미

📢 Xin hỏi, sở thích của anh là gì? 실례지만, 취미가 무엇입니까?
씬 호이, 서 틱 꾸아 아잉(안) 라 지

그는 사무실에 있다.

Anh ấy ở văn phòng.

아잉(안) 에이 어 반 퐁

Track 23

❶ 회장님
chủ tịch
쭈 띡

❷ 과장님
trưởng phòng
쯔엉 퐁

❸ 비서
thư kí
트 끼

현재시제 진리, 일반적인 사실 또는 습관

★ 현재시제는 진리, 일반적인 사실 또는 습관을 표현한다. 우리말처럼 아무 어미
도 붙이지 않고 그냥 동사나 형용사를 사용하면 된다.

현재시제 ≋ 동사원형

진리

Trái đất quay quanh mặt trời. 지구는 태양의 주위를 돈다.
짜이 덧 꾸아이 꾸아잉 맛 쩌이

* trái đất 짜이 덧 = quả đất 꾸아 덧 지구
* quay 꾸아이 돌다 * quanh 꾸아잉 주위, 주변
* mặt trời 맛 쩌이 태양

일반적인 사실

Anh ấy làm việc. 그는 일을 한다.
아잉(안) 에이 람 비엑

습관

Tôi thường đá banh vào cuối tuần. 나는 보통 주말에 축구를 한다.
또이 트엉 다 반 바오 꾸오이 뚜언

* thường 트엉 보통, 자주

149★

응용
3

그는 보통 일찍 퇴근한다.

Anh ấy thường tan sở sớm.

아잉(안) 어이 트엉 딴 서 섬

❶ 출근하다

đi làm
디 람

❷ 자다

ngủ
응우

❸ 일어나다

dậy
북 저이
남 여이

---

thường 트엉 반복적인 행위나 습관

보통, 자주

★ 부사 thường은 우리말 **보통, 자주**에 해당한다.

thường은 동사 앞에 사용되고 반복적인 행위나 습관을 나타낸다.

thường ＋ 동사

예 Chị ấy **thường** tan sở muộn.   그녀는 보통 늦게 퇴근한다.
찌 에이 트엉 딴 서 무온

* tan sở 딴 서 퇴근하다
* muộn 무온 늦게

Tôi **thường** viếng thăm anh ấy.   나는 그를 자주 방문한다.
또이 트엉 비엥 탐 아잉(안) 에이

* viếng thăm 비엥 탐 방문하다

그녀는 보통 저녁에 TV를 본다.
Cô ấy hay xem truyền hình vào buổi tối.
꼬 에이 해이 쌤 쭈웬 힝 바오 부오이 또이

Track 23

❶ 영화를 보다

xem phim
쌤 핌

❷ 책을 읽다

đọc sách
독 사익

❸ 음악 듣다

nghe nhạc
응애 냑

---

hay 해이
자주, 늘, ~하곤 하다

★**hay**는 습관을 가리키는 부사로, **thường**과 뜻이 비슷하다. **hay**는 우리말의 자주, 늘, ~하곤 하다에 해당한다.

---

hay ✛ 동사

예 Bố tôi hay xem báo vào buổi sáng. 우리 아버지는 늘 아침에 신문을 보신다.
보 또이 해이 쌤 바오 바오 부오이 상

* **báo** 바오 신문
* **buổi sáng** 부오이 상 아침, 오전

Các cậu hay gặp nhau không? 자네들은 자주 만나나?
깍 꺼우 해이 갑 냐우 콩

* **nhau** 냐우 서로, 함께

thường과 hay를 같이 사용하는 경우

thường과 hay를 같이 사용하기도 하는데, 이런 경우 thường은 hay앞에 온다.

$$\text{thường} + \text{hay} + \text{동사}$$
트엉   해이

예 Gần đây thường hay xảy ra tai nạn đường sắt.
건 데이 트엉 해이 쌔이 (북)자 따이 난 드엉 삿
(남)라

최근 철도 사고가 자주 일어난다.

* **gần đây** 건 데이 **최근, 요즘**
* **xảy ra** 쌔이 자(라) **일어나다, 발생하다**
* **tai nạn** 따이 난 **사고, 재난**
* **đường sắt** 드엉 삿 **기찻길**

텔레비젼 보기

xem truyền hình

쌤 쭈웬 힝

영화 보기

xem phim

쌤 핌

만화 보기

xem truyện tranh

쌤 쭈웬 짜잉(짠)

독서하기

đọc sách

독 사익

음악 듣기

nghe nhạc

응애 냑

쇼핑하기

mua sắm

무아 삼

등산하기

leo núi

래오 누이

낚시하기

câu cá

꺼우 까

볼링치기

chơi bowling

쩌이 볼링

운동하기

chơi thể thao

쩌이 테 타오

여행하기

du lịch

🔵북 주 릭
🔵남 유

노래하기

hát

핫

취미가 뭐예요?

Sở thích của em là gì?

서 틱 꾸아 앰 라 지

응옥 당 씨, 안녕하세요? 어디 가세요?

Chào anh Ngọc Đặng. Anh đi đâu đó?

짜오 아잉(안) 응옥 당. 아잉(안) 디 더우 도

지현 씨, 안녕하세요? 나는 배드민턴을 치러 가요.

Chào Ji-hyeon. Anh đi chơi cầu lông.

짜오 지현. 아잉(안) 디 쩌이 꺼우 롱

어디서 배드민턴을 치세요?

Anh chơi cầu lông ở đâu?

아잉(안) 쩌이 꺼우 롱 어 더우

노동문화관에서요. 지현 씨의 취미는 뭐예요?

Ở Nhà Văn hóa Lao động. Sở thích của Ji-hyeon là gì?

어 냐 반 화 라오 동. 서 틱 꾸아 지현 라 지

저는 테니스 치기를 좋아해요.

Em thích đánh quần vợt.

앰 틱 다잉(단) 꾸언 벗

보통 어디서 치세요?

Em thường đánh ở đâu?

앰 트엉 다잉(단) 어 더우

보통 란아잉 클럽에서 쳐요.

Em hay đánh ở Câu lạc bộ Lan Anh.

앰 해이 다잉(단) 어 꺼우 락 보 란 아잉(안)

그곳은 우리 집에서 가까워요.

Nơi đó gần nhà em lắm.

너이 도 건 냐 앰 람

Track 23

그럼 우리 함께 다음 주말에 거기에 가서 테니스를 쳐요.

Vậy cuối tuần sau ta cùng đến đó đánh tennis nhé.

베이 꾸오이 뚜언 사우 따 뗀 도 다잉(단) 뗀닛 내

좋아요.

Đồng ý.

동 이

새로운 단어

★ chơi 쩌이   치다 play

★ cầu lông 꺼우 롱   배드민턴

★ nhà văn hóa 냐 반 화   문화관

   Nhà văn hóa Lao động 노동문화관
   냐 반 화 라오 동

★ sở thích 서 틱   취미

★ thích 틱   좋아하다

★ đánh 다잉(단)   치다

★ quần vợt 꾸언 벗   테니스

★ thường 트엉   보통, 자주

★ hay 해이   자주, ~하곤 하다

★ Câu lạc bộ Lan Anh   란 아잉(안) 클럽
   꺼우 락 보 란 아잉(안)

★ nơi 너이   곳, 장소

★ gần 건   가깝다

★ nhà 냐   집

★ vậy 베이   그럼

★ cuối tuần 꾸오이 뚜언   주말

★ sau 사우   다음

★ ta 따   우리
   chúng ta의 생략형

★ cùng 꿍   함께

★ đồng ý 동 이   동의하다

그녀는 사장님이에요?

Cô ấy là giám đốc à?
꼬 에이 라 (북)잠 독 아
(남)얌

① 비서
thư kí
트 끼

② 배우
diễn viên
(북)지엔 비엔
(남)엔

③ 가수
ca sĩ
까 시

à

★ 친근감이 있는 **정태사**情態詞 à는 주로 질문 끝에 사용되는데, 말하는 사람의 감정 또는 태도를 표현한다.

(예) Hôm nay anh không đến công ty à?
홈 내이 아잉(안) 콩 덴 꽁 띠 아

오늘 회사에 안 오시나요?

Cô ấy chưa kết hôn à?
꼬 에이 쯔아 껫 혼 아

그녀는 아직 결혼 안 했어?

헉! 부케를 받아버렸다...

6개월안에 해야 해.

나는 일하고 있어요.

Tôi đang làm việc.

또이 당 람 비엑

Track
24

① 밥을 먹다
ăn cơm
안 껌

② 영화를 보다
xem phim
쌤 핌

③ 음악을 듣다
nghe nhạc
응애 냑

진행시제

★ 진행시제는 부사 đang으로 표현하며, ~하고 있다, ~하는 중이다라는 뜻이다.
đang은 동사 앞에 온다.

đang ✦ 동사

Chủ tịch đang làm việc.
쭈 띡 당 람 비엑

회장님은 일을 하고 계십니다.

Nó đang chờ người yêu.
노 당 쩌 응으어이 예우

그는 애인을 기다리고 있어요.

* chờ 쩌 기다리다
* người yêu 응으어이 예우 애인

그녀가 아주 예쁘다고요?

Cô ấy xinh lắm hả?

꼬 에이 씽 람 하

❶ 귀엽다

dễ thương

🔵제 트엉

🔴예

❷ 키가 크다

cao

까오

❸ 일을 잘 하다

làm việc giỏi

람 비엑 🔵조이

🔴요이

hả 하

~(이)라고요?/~다고요?

★ 말하는 사람이 아직 불확실한 것에 대해 분명하게 물어보고 싶을 때 사용하는 의문사이다. hả는 일반적으로 문장 끝에 오고 구어체에서 사용된다. 우리말 ~라고요?/~다고요?에 해당한다.

~hả ?   ~라고요?/ ~다고요?

🖼 **Ông ấy là giám đốc hả?**   그 분이 사장님이라고요?

옹 에이 라 🔵잠 독 하

🔴얌

Cô ấy đẹp lắm hả?   그녀가 아주 예쁘다고요?

꼬 에이 댑 람 하

선니씨는 무엇을 보고 있어요?

Sunny đang xem gì thế?

선니 당 쌤 지 테

① 쓰다
viết
비엣

② 읽다
đọc
독

③ 듣다
nghe
응애

---

thế 테
~하니?

★의문사 thế는 문장 끝에 오며, 우리말 ~하니?와 비슷하다. đó · đấy · vậy 등
과 바꿔 쓸 수 있다. thế와 đấy는 베트남 북부에서 흔히 사용되고, đó와 vậy
는 남부에서 많이 사용된다.

예 Bây giờ em đi đâu thế?　　　지금 어디 가니?
베이 🔵저 앰 디 더우 테
　　🔴여

Sunny đang xem gì vậy?　　　선니씨는 무엇을 보고 있어요?
선니 당 쌤 지 베이

그 분은 그 일에 대해 아무것도 모른다.

Ông ấy không biết gì về việc đó.

옹 에이 콩 비엣 지 베 비엑 도

Track
24

❶ 회장님
chủ tịch
쭈 띡

❷ 사장님
giám đốc
북 잠 독
남 얌

❸ 과장님
trưởng phòng
쯔엉 퐁

không... gì...
아무것도 ~ 하지 않다(부정)

★ không... gì... 라는 표현은 **완전 부정**의 뜻을 나타낸다.

우리말 아무것도 없다 / ~하지 않다와 비슷하다.

không ✛ 동사 ✛ gì

예) Tôi không hiểu gì cả.
또이 콩 히에우 지 까

나는 아무것도 이해할 수 없어요.

* hiểu 히에우 이해하다 영어의 understand에 해당

Anh ấy không biết gì về việc đó.
아잉(안) 에이 콩 비엣 지 베 비엑 도

그는 그 일에 대해 아무것도 모른다.

* biết 비엣 알다 영어의 know에 해당

테마단어

과일

사과

táo 따오

복숭아

đào 다오

귤

quýt 꾸잇

수박

dưa hấu 북 즈아 허우
남 여으아

오렌지

cam 깜

orange

파파야

đu đủ 두 두

papaya

파인애플

dứa 즈아

pineapple

바나나

chuối 쭈오이

banana

망고

xoài 쏘아이

mango

구아바

ổi 오이

guava

잭프루트

mít 밋

jackfruit

망고스틴

măng cụt 망 꿋

mangosteen

람부탄

chôm chôm 쫌 쫌

rambutan

두리안

sầu riêng 서우 북 지엥
남 리엥

durian

14 파트너와 같이 점심 식사 중이에요.

Tôi đang ăn trưa với đối tác.

또이 당 안 쯔아 버이 도이 딱

여보세요. 석규 오빠, 안녕하세요?

Alô, chào anh Seok-kyu?

알로, 짜오 아잉(안) 석규

띵 씨, 안녕하세요? 혹시 무슨 일이 있어요?

Chào Tịnh, có việc gì không em?

짜오 띵, 꼬 비엑 지 콩 앰

오늘 회사에 안 오시나요?

Hôm nay anh không đến công ty à?

홈 내이 아잉(안) 콩 덴 꽁 띠 아

약속이 있어요. 저는 지금 **파트너와 같이 점심 식사 중이에요.**

Tôi có hẹn. Tôi đang ăn trưa với đối tác.

또이 꼬 핸. 또이 당 안 쯔아 버이 도이 딱

파트너와 같이 식사 중이라고요?

Anh đang ăn trưa với đối tác hả?

아잉(안) 당 안 쯔아 버이 도이 딱 하

예, 지금 어디신데요?

Vâng, bây giờ em đang ở đâu thế?

벙, 베이 저(여) 앰 당 어 더우 테

지금 회사에 있어요. 만나서 하고싶은 얘기가 있어요

Em đang ở công ty. Em muốn gặp anh bàn một việc.

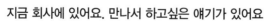
앰 당 어 꽁 띠. 앰 무온 갑 아잉(안) 반 못 비엑

그래요?

Thế à?

테 아?

그러면 우리 내일 오전 10시에 만나도 될까요?

Vậy ta gặp nhau lúc mười(10) giờ sáng mai được không?

베이 따 갑 냐우 룩 므어이 저(여) 상 마이 드억 콩

글쎄요... 예, 그때 저는 아무 약속도 없어요.

Để em xem... Vâng, lúc đó em không có hẹn gì cả.

데 앰 쎔... 벙, 룩 도 앰 콩 꼬 핸 지 까

그럼, 내일 만납시다.

Vậy, hẹn gặp em ngày mai nhé.

베이, 핸 갑 앰 응애이 마이 녜

새로운 단어

★ **việc** 비엑	일	
★ **hôm nay** 홈 내이	오늘	
★ **công ty** 꽁 띠	회사	
★ **hẹn** 핸	약속	
★ **đang** 당	~하고 있다, ~중이다	
★ **ăn trưa** 안 쯔아	점심 식사	
★ **với** 버이	함께	
★ **đối tác** 도이 딱	파트너	
★ **hả** 하	~(이)라고요?/~다고요?	

★ **bây giờ** 베이 저	지금	
★ **muốn** 무온	~하고 싶다	
★ **bàn** 반	이야기하다, 상담하다	
★ **nhau** 냐우	서로	
★ **lúc** 룩	~에 시간	
★ **sáng** 상	오전	
★ **mai** 마이	내일	
★ **để... xem** 데... 쎔	글쎄(요)	
★ **lúc đó** 룩 도	그 때	

응용 1

다음 달에 출장 갈 거에요.

Tháng sau tôi sẽ đi công tác.
탕 사우 또이 새 디 꽁 딱

① 여행
du lịch
북 주릭
남 유

② 유학
du học
북 주혹
남 유

③ 베트남
Việt Nam
비엣 남

---

1 단순 미래

sẽ 새
~할 것이다

★미래시제는 부사 sẽ 새로 표현되는데 sẽ 새 는 동사 앞에 사용한다.
우리말 ~할 것이다 와 비슷하다.

sẽ ＋ 동사 단순 미래

예 Ngày mai tôi sẽ đi Việt Nam.
응애이 마이 또이 새 디 비엣 남

나는 내일 베트남에 갈 거에요.

Tuần sau anh ấy sẽ đi công tác.
뚜언 사우 아잉(안) 에이 새 디 꽁 딱

그는 다음 주에 출장갈 거에요.

그녀는 곧 결혼할 거예요.

Cô ấy sắp kết hôn.

꼬 에이 삽 껫 혼

❶ 그만 두다

nghỉ làm

응이 람

❷ 귀국하다

về nước

베 느억

❸ 고향에 가다

về quê

베 꿰

---

sắp 삽

곧 ~할 것이다

2 가까운 미래

★ 곧 일어날 일이나 가까운 미래인 경우 sẽ 대신에 부사 sắp 삽 을 사용한다.
sắp은 우리말 곧 ~할 것이다와 비슷하다.

---

sắp ✛ 동사 가까운 미래

예 Anh ấy sắp kết hôn.
아잉(안) 에이 삽 껫 혼

그는 곧 결혼할 거예요.

Cô ấy sắp về nước
꼬 에이 삽 베 느억

그녀는 곧 귀국할 거에요

* về 베 돌아가다

나는 등산하려고 해요.
Tôi định leo núi.
또이 딩 래오 누에

❶ 야외에 가다
đi dã ngoại
디 롱자 응오아이
⬇야

❷ 베트남어를 배우다
học tiếng Việt
혹 띠엥 비엣

❸ 그림 그리다
vẽ tranh
배 짜잉(쨘)

❸ 예정 또는 계획

định 딩
~하려고 하다

★ **định** 딩은 예정 또는 계획을 가리키는 말인데 마찬가지로 동사 앞에 사용된다.
우리말 ~하려고 하다에 해당한다.

định ➕ 동사   예정 또는 계획

🔵 Cuối tuần anh **định** làm gì?   주말에 무엇을 할 예정이에요?
꾸오이 뚜언 애잉((안)) 딩 람 제

Tôi **định** đi leo núi.   나는 등산 가려고 해요.
또에 딩 디 래오 누에

* leo núi 래오 누이 산에 오르다

가까운 미래
sắp
곧 ~할 것이다

단순미래
sẽ
~할 것이다

예정 또는 계획
định
~하려고 하다

나는 주말에 쇼핑하러 가요.

Tôi đi mua sắm vào cuối tuần.

또이 디 무아 삼 바오 꾸오이 뚜언

Track
25

❶ 일요일
chủ nhật
쭈 녓

❷ 휴일/쉬는 날
ngày nghỉ
응아이 응이

❸ 저녁
buổi tối
부오이 또이

---

vào 바오
~에

★ vào는 시간을 가리키는 말 앞에 사용되며, 우리말 ~에와 뜻이 비슷하다.

vào ╋ 시간을 가리키는 말

📖 Anh sẽ làm gì vào cuối tuần?
아잉(안) 새 람 지 바오 꾸오이 뚜언

주말에 뭘 하실 거예요?

Tôi thường đi nhà thờ vào sáng chủ nhật.
또이 트엉 디 냐 터 바오 상 쭈 녓

저는 보통 일요일 아침에 교회에 다녀요.

* nhà thờ 냐 터 교회, 성당
* chủ nhật 쭈 녓 일요일

누가 해요?

Ai làm? 아이 람

 Track 25

❶ 말하다
nói
노이

❷ 읽다
đọc
독

❸ 먹다
ăn
안

ai 아이 의문사
누구

★ 의문사 ai의 뜻은 우리말 **누구**에 해당한다.
기본적인 의문사는 다음과 같다.

예 Ai là người Hàn Quốc?
아이 라 응으어이 한 꾸옥

누가 한국 사람이에요?

Anh đã đi du lịch với ai?
아잉(안) 다 디 🔵북주 릭 버이 아이
🔴남 유

당신은 누구와 같이 여행 갔어요?

* với 버이 ~함께, 같이

누구랑 같이 여행 가는 거야?

나 혼자 가는거야~

의문사	뜻	의문사	뜻
ai 아이	누구	bao giờ 바오 저	언제
đâu 더우	어디	khi nào 키 나오	언제
nào 나오	어느	thế nào 테 나오	어떻게, 어떤, 어때요?
gì 지	무슨	tại sao 따이 싸오	왜
cái gì 까이 지	무엇	mấy 메이 bao nhiêu 바오 녜우	몇

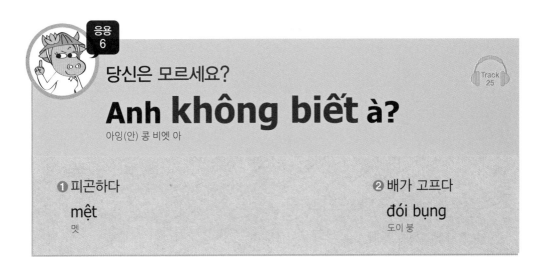

응용 6

당신은 모르세요?

Anh không biết à?

아잉(안) 콩 비엣 아

❶ 피곤하다

mệt

멧

❷ 배가 고프다

đói bụng

도이 붕

15 주말에 골프를 치러 갈 거예요.

Cuối tuần tôi sẽ đi đánh gôn.

꾸오이 뚜언 또이 새 디 다잉 곤

재욱씨, 주말에 무엇을 하실 예정이예요?

Anh Jae-wook, cuối tuần anh định làm gì?

아잉(안) 재욱, 꾸오이 뚜언 아잉(안) 딩 람 지

골프를 치러 갈 거예요.

Tôi sẽ đi đánh gôn.

또이 새 디 다잉(단) 곤

누구와 같이 가실 거예요?

Anh đi với ai?

아잉(안) 디 버이 아이

친구와 같이 갈 거예요.

Tôi sẽ đi với bạn.

또이 새 디 버이 반

친구는 한국 사람이예요?

Bạn anh là người Hàn Quốc à?

반 아잉(안) 라 응으어이 한 꾸옥 아

어떻게 아세요?

Sao em biết?

사오 앰 비엣

그냥 추측했지요, 뭐.

Em đoán vậy thôi.

앰 도안 베이 토이

그럼, 띵 씨는 주말에 뭘 하세요?

Còn Tịnh, em làm gì vào cuối tuần?

꼰 띵 앰 람 지 바오 꾸오이 뚜언

 저는 보통 주말에 쇼핑하러 가요.

Em thường đi mua sắm vào cuối tuần.

앰 트엉 디 무아 삼 바오 꾸오이 뚜언

주말에 뭐 할꺼예요?

쇼핑이요~
쇼핑이 제일 좋아요~

새로운 단어

★ cuối tuần 꾸오이 뚜언	주말	★ ai 아이	누구
★ đánh 다잉(단)	치다	★ sao 싸오	어떻게
★ gôn 곤	골프	★ biết 비엣	알다
★ định 딩	~하려고 하다 예정	★ đoán 도안	추측하다
★ sẽ 새	~할 것이다 미래	★ mua sắm 뿌아 쌈	쇼핑하다

171★

그녀는 꾸중을 들었다.
Cô ấy bị mắng.
꼬 에이 비 망

❶ 때리다
đánh
다잉(단)

❷ 아프다
đau
다우

❸ 피곤하다
mệt
멧

피동형

★ 피동형은 동사 bị 비 또는 được 드억으로 표현된다. bị와 được은 동사 앞에 온다.

❶ bị 나쁘거나 부정적인 의미

bị ➕ 동사

📝 Nó bị mắng.   그는 꾸중을 들었다.
노 비 망

Chị ấy đã bị bệnh.   그녀는 병에 걸렸다.
찌 에이 다 비 벵

❷ được 좋거나 긍정적인 의미

được ➕ 동사

📝 Tôi được khen.   나는 칭찬을 받았다.
또이 드억 캔

Sản phẩm này được làm bằng đồng.   이 제품은 동으로 만들어졌다.
산 펌 내이 드억 람 방 동

* sản phẩm 산 펌 제품 * bằng 방 ~로(재료, 수단) * đồng 동 동, 구리

그녀는 잘하지요?

Cô ấy giỏi nhỉ?

꼬 어이 ^북조이 녀이
^남요이

❶ 예쁘다

đẹp

뎁

❷ 귀엽다

dễ thương

^북제 트엉
^남예

❸ 키가 크다

cao

까오

nhỉ 녀이

감정/태도를 나타내는 말

★ nhỉ는 문장 끝에 오며, 말하는 사람의 감정 또는 태도를 표현한다.

Ông ấy làm việc giỏi quá nhỉ?   그 분은 일을 잘 하시는지요?
옹 에이 람 비엑 ^북조이 꾸아 녀이
　　　　　^남요이

　　　　　　　　　　　　　　　* giỏi 조이(요이) 잘 하다

Điều đó thật tuyệt, anh nhỉ?   그것이 참 좋지요, 그렇죠?
디에우 도 텃 뚜웻 , 아잉(안) 녀이

　　　　　　　　　　　　　　　* thật 텃 참으로
　　　　　　　　　　　* tuyệt 뚜웻 훌륭하다 wonderful

일을 하세요.

Hãy làm việc.
해이 람 비엑

❶ 컴퓨터를 배우다

học vi tính
혹 비 띵

❷ 은행에 가다

đi ngân hàng
디 응언 항

❸ 이를 닦다

đánh răng
다잉(단) 🔵장
🔴랑

---

hãy 해이

~하세요

★ 부사 **hãy** 해이는 동사 앞에 오며, 명령문을 형성한다. 뜻은 우리말 ~하세요
에 해당한다.

---

hãy ✛ 동사

🔵 Anh **hãy** làm việc này.
아잉(안) 해이 람 비엑 내이

이 일을 하세요.

Hãy thức dậy.
해이 특 🔵제이
🔴예이

일어나세요.

* thức dậy 특 제이(예이) 일어나다. 눈을 뜨다

의미가 강한 명령 표현 **hãy**, **đi**

hãy는 đi와 같이 사용하면 **명령** 또는 **요구**를 더욱 강하게 표시한다. **đi**는 문장 끝에 온다.

hãy ~ **đi**   강한 명령 또는 요구

명령문 Hãy học tiếng Việt đi.   베트남어를 배워라.
해이 혹 띠엥 비엣 디

돈이 충분하면 살 거예요.
Nếu đủ tiền thì tôi sẽ mua.
네우 두 띠엔 티 또이 새 무아

❶ 마음에 들다
vừa ý
브아 이

❷ 예쁘다
đẹp
뎁

❸ 질이 좋다
chất lượng tốt
쩟 르엉 똣

Nếu... thì...
~하면 ~하다 (If...then...)

★Nếu... thì... 네우... 티...는 조건표현으로 우리말 ~하면 ~하다에 해당한다.

돈이 충부하면 살 거예요...

Nếu đủ tiền thì tôi sẽ mua.

돈이 충분하면 살 거예요

네우 두 띠엔 티 또이 새 무아

* đủ 두 충분하다 * mua 무아 사다

Nếu uống thuốc này thì có thể khỏi hẳn.

네우 우옹 투옥 내이 티 꼬 테 코이 한

이 약을 먹으면 완전히 나을 수 있다.

* uống 우옹 마시다, (약을) 먹다
* có thể 꼬테 ~할 수 있다
* hẳn 한 완전하다

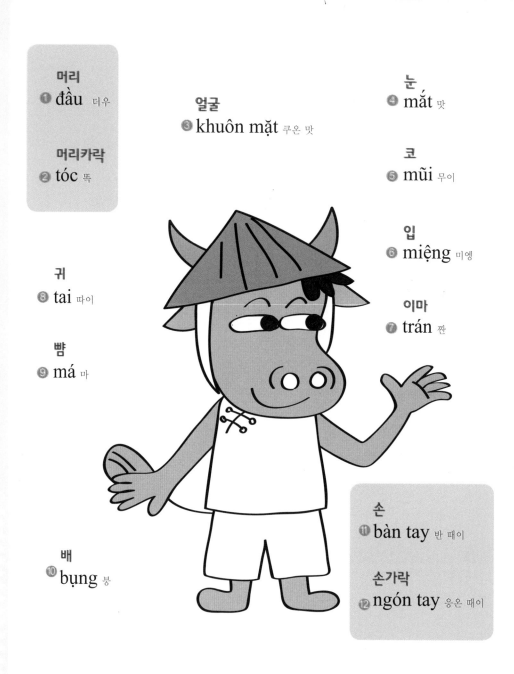

머리
① đầu 더우

머리카락
② tóc 똑

얼굴
③ khuôn mặt 쿠온 맛

눈
④ mắt 맛

코
⑤ mũi 무이

입
⑥ miệng 미엥

귀
⑧ tai 따이

이마
⑦ trán 짠

뺨
⑨ má 마

배
⑩ bụng 붕

손
⑪ bàn tay 반 때이

손가락
⑫ ngón tay 응온 때이

팔
⑮ cánh tay 까잉(깐) 때이

목
⑯ cổ 꼬

입술
⑬ môi 모이

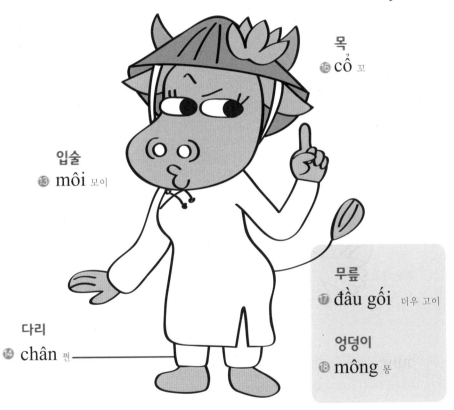

무릎
⑰ đầu gối 더우 고이

엉덩이
⑱ mông 몽

다리
⑭ chân 쩐

발
⑲ bàn chân 빤 쩐

발가락
⑳ ngón chân 응온 쩐

어디가 아프세요?

Anh bị đau ở đâu?

아잉(안) 비 다우 어 더우

안녕하세요? 어서 오세요.

Chào anh, mời anh vào.

짜오 아잉(안), 머이 아잉(안) 바오

어디가 아프세요?

Anh bị đau ở đâu?

아잉(안) 비 다우 어 더우

배가 아주 아파요.

Tôi đau bụng lắm.

또이 다우 붕 람

설사하세요?

Anh có bị tiêu chảy không?

아잉(안) 꼬 비 띠에우 째이 콩

예! (해요.)

Vâng, có ạ.

벙, 꼬 아

어제 무엇을 드셨어요?

Hôm qua anh ăn gì?

홈 꽈 아잉(안) 안 지

어제 저녁에 회를 먹었어요.

Tối qua tôi ăn món cá sống.

또이 꽈 또이 안 몬 까 송

어디 봅시다. 식중독이군요.

Xem nào. Anh bị ngộ độc thực phẩm rồi.

쎔 나오. 아잉(안) 비 응오 독 특 펌 🔵 조이

🔴 로이

Track
26

이 약을 하루에 3번 드세요.

Anh hãy uống thuốc này ba lần một ngày.

아잉(안) 해이 우옹 투옥 내이 바 런 못 응애이

이 약을 다 먹으면 나을까요?

Nếu uống hết thuốc này thì khỏi chứ?

네우 우옹 헷 투옥 내이 티 코이 쯔

예.

Vâng.

벙

새로운 단어

★ vào 바오	들어오다	ngộ độc thực phẩm 응오 독 특 펌	식중독
★ bị 비	~ 당하다 피동형	thực phẩm 특 펌	식품
★ đau 다우	아프다		
★ bụng 붕	배	★ hãy 해이	~하세요
★ lắm 람	아주, 매우	★ uống 우옹	마시다
★ tiêu chảy 띠에우 쩨이	설사하다	★ thuốc 투옥	약
★ hôm qua 홈 꽈	어제	★ lần 런	~번, 회
★ tối 또이	저녁	★ một ngày 못 응애이	하루, 1日
tối qua 또이 꽈	어제 저녁	★ nếu... thì... 네우...티	~하면 ~하다
★ món cá sống 몬 까 송	회	★ hết 헷	모두 다, 끝까지
★ ngộ độc 응오 독	중독	★ khỏi 코이	낫다

181 ★

첫걸음 시리즈

완전 쉬워요~

★ 4×6배판 / MP3 CD

★ 4×6배판 / 저자직강 MP3 CD

합본
부록 초간단 일본어 글씨본

★ 4×6배판 / 저자직강 MP3 CD

합본
부록 초간단 중국어 발음노트

★ 4×6배판 / MP3 CD

★ 4×6배판 / MP3 CD

합본
부록 광동어 발음의 모든것

★ 4×6배판 / MP3 CD

합본
부록 한국어-인도네시아어 단어장

한번에 OK!

한권으로 끝내는 외국어 시리즈~

네이버 검색창에서 열공 베트남어 첫걸음을 쳐 보세요.

NAVER | 열공 베트남어 첫걸음 ▼ | 검색

지금 바로 **http://www.kndu.kr** 에서 동영상 강의를 신청하세요.

베트남 하노이 대학을 졸업한 **장연주 샘의**

완전 쉬워요~

쉽고 재미있는 **베트남어 강의**

1강 오늘날의 베트남어

Chữ Quốc Ngữ
자국어(베트남어 문자)

언제든지 편안하게 강의를 들을 수 있다!

강의만 들어도 **기초 베트남어 생활회화 마스터**

베트남 현지에서 직접 터득한 **학습노하우 전수**

(유료)

열공 72 문장 패턴
베트남어 회화
72

공저 Lý Kính Hiền   Nguyễn Thi Tịnh
베트남 호찌민시 국립대학교   호찌민시 외국어 – 정보대학교

녹음 Nguyễn Thanh Cầm   Hoáng Tiến Dũng
베트남 하노이대학교   경희대학교 한국어학과

1판 1쇄 2018년 9월 10일   발행인 김인숙   발행처 디지스
Editorial Director 김인숙   Design 김미선
Printing 삼덕정판사

139–240
서울시 노원구 공릉동 653–5

대표전화 02–963–2456
팩시밀리 02–967–1555
출판등록 제 6–694호
ISBN 978–89–91064–81–2

¤Digis 에서는 참신한 외국어 원고를 모집합니다.